OODA Management

ウーダ・マネジメント

原田 勉［著］

東洋経済新報社

推薦のことば

ビジネスの世界で、ときどき飛躍的なイノベーションが起こることがある。

たとえば、ネスレ日本の「キットカット」のマーケティング・イノベーションがその好例である。

のちに社長になった高岡浩三氏は、冬の受験シーズンになると宮崎県で「キットカット」の売上が増えることに気づいた。その理由を調べてみると、「キットカット」は、宮崎弁で「きっと勝つとぉ」、つまり「きっと勝つぞ」という意味を持つので、受験生の応援グッズとして売れていたのである。

このことがわかってから、ネスレ日本は受験シーズンに東京のホテルに宿泊する受験生に「キットカット」を配るというプロモーションを行った。これが功を奏して、「キットカット」は、受験生応援グッズとしての地位を獲得したのである。

ほかにも例がある。積水ハウスの営業イノベーションである。のちに社長、会長になった和田勇氏が社長就任後すぐに行ったのは、積水ハウスで最もたくさん住宅を販売している営業マンがどのような営業の仕方をしているのかの調査であった。

山口県の支店にいる営業マンがトップだった。彼は大変なペースで売っていたので、新規顧客を開拓する営業をしている時間がなかった。彼がやっていたことは、既存顧客への徹底したサービスだった。その効果は高く、彼を気に入った顧客が新しい顧客を紹介してくれていたのであった。

それを知ってから和田氏は、営業マンに営業ではなく、顧客サービスに取り組めという指示を出したのである。その結果、紹介営業の比率が増え、積水ハウスの営業効率は上昇した。

ベビー・子ども服を扱うファミリアの店舗づくりイノベーションも、同様の例である。最新の店舗は、ファミリアの商品を販売するためだけの場ではない。商品を体験できるスペースが随所にあり、親子に寄り添ったさまざまな「体験型サービス」を提供しているのである。この体験できる店舗は、若い子育て世帯の注目を集め、売上を大きく伸ばしている。

いま3つのケースを簡単に紹介したが、小さなアイデアから飛躍するイノベーションのなかでも、その飛躍が大きいものは「ビジネス・モデルのイノベーション」と呼ばれる。

神戸大学名誉教授の石井淳蔵氏は、そのような大きなイノベーションをもたらす新しい洞察を「ビジネス・インサイト」と呼ぶ。その好例として、宅配便サービスの創造、コンビニエンスストアの創造などを挙げ、その出発点となったビジネス・インサイトがいかに生み出されるかを分析している。

私自身も企業のパラダイム革命とも呼べる大きなイノベーションのアイデアがどのようにして生み出され、実行されるかを分析したことがある。「キットカット」のマーケティング・イノベーション、積水ハウスの営業イノベーション、ファミリアの店舗づくりイノベーションのケースからわかることは、製品のイノベーションではなく、仕組みのイノベーションを実現し、成功させていることである。

日本企業が新たにイノベーションを起こせずに苦戦しているが、それはよりよい製品をつくろうという製品イノベーションにこだわり過ぎているからではないだろうか。いま日本企業に求められているイノベーションは、現場の新しい洞察から、仕組みのイノベーションを起こすことである。

そのために、参考になるのが本書で解説しているOODAの枠組みである。OODAは、刻々と状況が変わる戦場での現場レベルの意思決定のために考案されたものだが、変化の激しい状況に即応するという点では、ビジネス・モデルのレベルにも適用できる。

しかも、本書では、著者の原田勉氏が、現場で働くビジネスパーソンが非連続なイノベーションを起こすための仕組みづくりの方法を、ビジネスケースにＯＯＤＡの枠組みを当てはめて論じている。ＯＯＤＡが、これまでビジネス・モデルの世界であまり注目されてこなかった点を踏まえると、大きな前進である。

本書が日本の未来を担うミドル層に読まれて、随所で飛躍的なイノベーションが起こることを期待したい。

２０２０年６月

神戸大学名誉教授　加護野忠男

はじめに

『孫子』の兵法の本質は、「正」と「奇」の組み合わせにあります。

ここでいう「正」とはフェイクの主力部隊、「奇」は本当の主力部隊を指します。敵にフェイクの主力部隊である「正」で正面攻撃をしつつ、敵の側面または後方から本当の主力部隊である「奇」で奇襲し、敵をパニックに陥らせることで最小限の犠牲で勝利することができるのです。

このことが**「正を以て合い、奇を以て勝つ」ということの意味です。『孫子』の兵法は力と力のぶつかり合いを決して推奨したのではありません。相手の意表をつくことが「戦わずして勝つ」ためのポイントになります。そのため、『孫子』の兵法を一言で表現すると、「兵は詭道なり」となるのです。**

実は、この『孫子』の考え方は、その後、英国の軍事史研究家であるバシル・リデルハートの間接的アプローチに引き継がれ、より具体的な戦術・組織論として元米国空軍大佐ジョン・ボイドによって完成されました。それがOODAループという考え方です。

OODAループは、湾岸戦争で遺憾なくその効果を発揮し、イラク軍の裏をかいたシュワルツコフの有名な「左フック戦略」などで成功を収めたのです。このOODAループは、いまや世界の主要な軍事組織で採用されるに至っています。

しかしながら、ビジネスの領域での応用は、米国の一部の優良企業を除き、まだまだ限定的です。特に、日本企業では、OODAループの考え方についてはほとんど正確に理解されていません。昨年、ボイドの直弟子であったチェット・リチャーズによる名著『OODA LOOP』(東洋経済新報社)を翻訳出版し、それなりに好評を得たのですが、まだまだその実践からはかけ離れているのが実情です。

現実には、リーンスタートアップやSNSマーケティング、デザイン思考、チーム営業、延期モデルにもとづいたサプライチェーンマネジメントなど、いわゆる「現場情報」を重視したマネジメントの重要性が高まりつつあります。現場情報にもとづいた「即興演奏」が求められているといえるでしょう。

しかし、多くの企業では、この即興演奏ができておらず、現場情報ではなく上から降りてきた「計画情報」が重視され、貴重な現場情報は黙殺される傾向があります。その結果、環境の変化のスピードについていけないという問題を抱えている企業も少なくありません。

本書は、このリチャーズによる本に依拠しつつ、その考え方をビジネスの領域で具体的に適用していくための方法について実例を交えながら解説していきます。特に重視したのが、「仕組み化」という視点です。

リチャーズの本は、軍事およびビジネスの両方に適用できる原則を中心に記述したものになっているため、経営の仕組み化の議論は十分に展開されていません。しかし、ただ単に考え方を学ぶだけでは実践に移すことはできません。

重要なのは、ＯＯＤＡループの考え方を理解したうえで、それを仕組み化していくことです。この仕組み化によって、体系的なＯＯＤＡマネジメントを組織に定着させることが可能になるのです。

昨今の新型コロナウイルスの問題に代表されるように、想定外の不確実性に翻弄されるのが現在の企業経営の特徴です。この種の不確実性のすべてを事前の準備で対応することは不可能です。そこで必要なのが、ＯＯＤＡループを高速で回転させるということです。

『孫子』の兵法から現代の機動戦に連なる一連の系譜のなかで共通しているポイントは、いかに相手の意表をつくか、ということです。そのためには、相手よりも高速でOODAループを回転させることが鍵になります。

それなくしてただ机上の空論でキツネとタヌキの化かし合いをするのは、こと軍事やビジネスの領域にかぎっていえば、座して死を待つのと同じです。

ここで重要なのは、想定外の不確実性を可能なかぎり「想定内化」し、OODAループを仕組み化していくことです。もちろん想定内化できない不確実性については、純粋なOODAループの運用によって対処すべきでしょう。しかし、通常のビジネスは、このような想定外のことばかりではなく、その多くが想定内化できるものです。

不確実性を事前に想定内化したうえで、OODAループを回すための仕組み化がポイントになります。それが本書で解説するOODAマネジメントになります。

本書は、リチャーズの本のビジネス面での応用を私なりに拡充して解説したものです。リチャーズとは、かれの本を翻訳する際に、何度かやり取りをし、OODAループの考え方について直接指導を受け、それが本書に結実しています。

また、私が経営を仕組みという視点でとらえるようになったきっかけは、長年、日本経営品質賞に携わっていたからです。特に、関西経営品質賞判定委員会では、加護野忠男教授と石井淳蔵教授が申請企業の経営評価を毎年行っておられ、両先生の発言、コメントから多くの刺激を受け、学ぶことができています。本書の記述には、両先生のお考えの多くが反映されていると思います。ここに記して深謝いたします。

２０２０年6月

原田　勉

目次

第1章 「観察」は最強の武器になる

第5章

【OODAマネジメントの実践③】
「適応問題を解決する」を仕組み化する

第1章

「観察」は最強の武器になる

スピードによる不確実性への対応

3～5年先など考えても意味がない

不確実性のなかでの決断。これがマネジメントにとって最も重要であり、同時にきわめて難しい課題になります。

確実な状況のなかでのマネジメントは、そんなに難しいものではありません。計画を立て、進捗状況をチェックし、必要に応じて軌道修正すればよく、そこに想定外の例外事項が生じることはありません。決められたことを粛々と実行していけばよく、これは日本企業が得意とするところでしょう。

このような不確実性があまりないなかでのマネジメントは、コントロール（管理）と限定的に呼ぶことができます。

一方、不確実な状況のもとでのマネジメントとはどのようなものになるのでしょうか。

まず、不確実ななかでは、詳細な計画立案はほとんど意味をなさなくなります。

かつて米国のアップル社を訪ねたとき、「当社では、3カ月計画を事業計画といい、1カ年計画を中期計画と呼びます」と言われたことがあります。それでは日本企業で一般的な3カ年計画、5カ年計画といった中期計画は何と呼ぶのかと尋ねたところ、「それはドリームといいます」という回答でした。つまり、3～5年先など考えても意味がないということです。

大半の企業にとって、予算サイクルは1年です。しかし、日本企業を含めてＩＴ企業の大半は3カ月のサイクルであるところが多くなっています。イノベーションのスピードが速く、事前に予期できない動きがいつ生じるかわからない業界では、3カ月以上の計画は足かせになるリスクのほうが高くなるのです。

したがって、不確実な状況のなかではスピードが重要になります。状況は刻一刻と変化していくため、その変化のスピードに追い付く必要があります。

もちろん、やみくもにスピードを重視しなければならないというわけではありません。変化のスピードは業界によっても異

図1-1　アップル社の計画の考え方

3カ月計画=事業計画

1カ年計画=中期計画

3カ年計画=ドリーム

なります。うさぎと亀の童話では、うさぎは自らのスピードを遵守しなかったから亀に負けたのです。

重要なのは勝ち負けではなく、うさぎはうさぎ、亀は亀のスピードを守るということです。不確実性下でのマネジメントは、経営のスピードを環境変化のスピードに合わせるということにポイントがあります。

それに加え、スピードという時間軸が重要なのは、それによって経営資源の不足分を補うのに十分であるからです。

あるＩＴベンチャー企業の経営者と話していたときそこを強調されていました。その企業では、ＡＩの技術者を１５０名程度雇用していました。この程度の規模ならば大きな優位性にはなりません。ただし、他の大企業との差は、トップの即断即決で迅速に決裁できる点にあり、スピードが大企業の3倍ほど速くなっているということでした。

実際、私がこの経営者と話している最中にスマートフォンを取り出し、１億円の案件についてまるでアマゾンで買い物をする感覚で決裁ボタンを押されていたのが印象に残っています。

この経営者によると、自社のＡＩ技術者の実質的な数は、「人材の数×スピード」という公式で決まると語っておられました。これを当てはめれば、１５０名×3倍のスピード

＝450名のＡＩの専門家が社内にいることになります。そのため、日本の大企業でここまでの人材を揃えているところはほとんどないと豪語されていました。これが同社の強みになっているのです。

この企業の場合、トップは開発現場に自ら介入していました。ただし、その介入は技術的中身に関することではありません。目標や納期に関して、現場に任せておくとどうしても無難な水準で抑える傾向があるので、それらをストレッチすることが自らの役割だと言われていました。

抑制された現場への介入や迅速な決裁、そして現場への素早いフィードバックによって人材の不足分を補うだけのスピードを確保する。これが競争優位の源泉になっているのです。

ここでは計画の果たす役割は限定的なものになります。このような企業の場合、トップはほぼ例外なくうちには戦略は不要であると強調する傾向にあります。

ここで言う戦略とは計画のことです。つまり、中長期計画はあまり意識していないということです。計画通りに動くと、不測の事態が生じた場合にどうしても停滞する。この不測の事態にはトラブルや新たなチャンスも含まれます。計画があるがゆえに、こうしたトラブルやチャンスへの柔軟かつ迅速な対応が束縛されてしまうことになります。

したがって、不確実性が高く、スピードが求められる状況下では、計画よりも事実の観察から出発することがより重視されるのです。

ＰＤＣＡサイクルがうまく回らない理由

インドの諺に「貧者に魚を与えるな。魚の釣り方を教えよ」というものがあります。魚を与えてもそれを食べてしまえば一時的に飢えをしのぐことはできます。しかし、これでは貧困の解消という問題解決にはなりません。無償で魚を援助するという行為は、長い目で見ると援助への依存度を高め、かえって問題を悪化させてしまいます。それよりも、魚の釣り方自体を教えるほうが、貧困、飢えの解消につながります。

しかし、魚を与えてその釣り方を教えない、というのは私たちの身の回りでもよく起こっていることではないでしょうか。

たとえば、ＰＤＣＡサイクルということがよく実務では取り上げられます。ＰＤＣＡとは、計画（Plan）、実行（Do）、チェック（Check）、是正（Action）という順序でのこのサイクルを回していくことです。

ＰＤＣＡサイクルが機能するためには、出発点である計画がしっかりしたものでないといけません。優れた計画を立案するためには、計画立案者が必要な情報を持ち、目標だけではなくそれを達成するための手段を明示することが重要になります。そのような場合、計画実行には、たとえ多くの努力や労力が現場に要求されたとしても、創造性やイニシアティブはあまり要求されません。

つまり、これは計画に従う立場の者に対して、魚を与えて釣り方を教えていないということにほかなりません。

確かに、売上が魚だとすれば、計画は釣り方に該当します。けれども、学習する組織の次なる段階は、手段自体を魚ととらえることです。そうすると、PDCAはその手段をいかにして獲得するのか、という魚の釣り方を教える段階には至っていないことになります。

PDCAサイクルが機能するのは、計画立案者が必要な情報を持っている場合、すなわち、不確実性が低い定型的業務に限定されます。

たとえば、大枠での目標（＝ミッション）が与えられたとしても、それをどう達成すればよいのかわからない場合、計画など立案しようがありません。そこで求められるのは情報収集活動であり、得られた情報をもとに試行錯誤を続けていくことです。

基礎研究や新規事業開発をゼロベースで行っている場合、現場でPDCAサイクルを回すことはほぼ不可能でしょう。日本企業のなかには、そのような現場でもPDCAサイクルが重視され、形ばかりのPDCAサイクルが儀式のように実施されているところもあります。しかし、実際には現場で実験、試行錯誤が繰り返され、死屍累々の結果のなかで何とか一筋の光を求めて悪戦苦闘しているのが実情でしょう。

OODAループとは？

米国海兵隊で採用され、湾岸戦争など現代戦で顕著な成果をあげているのが、OODAループと呼ばれるものです。これは、「観察（Observe）」「情勢判断（Orient）」「意思決定（Decide）」「行動（Act）」という一連の活動から構成されます。

観察とは情報収集のことであり、情勢判断は、収集された情報の解釈を行うことです。その解釈にもとづいて現場で何らかの意思決定を下し、実行に移されます。なかでも重要なのは、図1‐2の太線で示されている、観察→情勢判断→行動という3つのOOAです。可能であれば、意思決定の段階を省略し、観察、情勢判断、行動がほぼ同時並行的に遂行されることが理想となります。

このOODAループがPDCAサイクルと異なるのは、計画を出発点としていないという点です。もちろん、大枠でのミッションは与えられています。しかし、そのミッションには、それを達成するための手段は明示されていません。上司からその方法論について指示を受けることもありません。

ミッションを遂行する者は、自らの自発性、創造性を駆使して、ミッション達成のための手段を発見し、即座にそれを実行しなければなりません。ここがPDCAサイクルとの決定的な相違点になります。

ミッションを達成するために必要な最低限の資源、権限を現場に与え、そのなかで自らの責任の下でミッションを達成せよ、という一種の契約がOODAループの背後に存在します。PDCAサイクルの場合、上司の現場介入は普通であり、完全に担当者に任せるということはあまりありません。OODAループの場合、一度現場に任せれば、そこから先は上司が口出ししません。

優れた上司であっても、口出しすることは、魚を与

図1-2　OODAループ

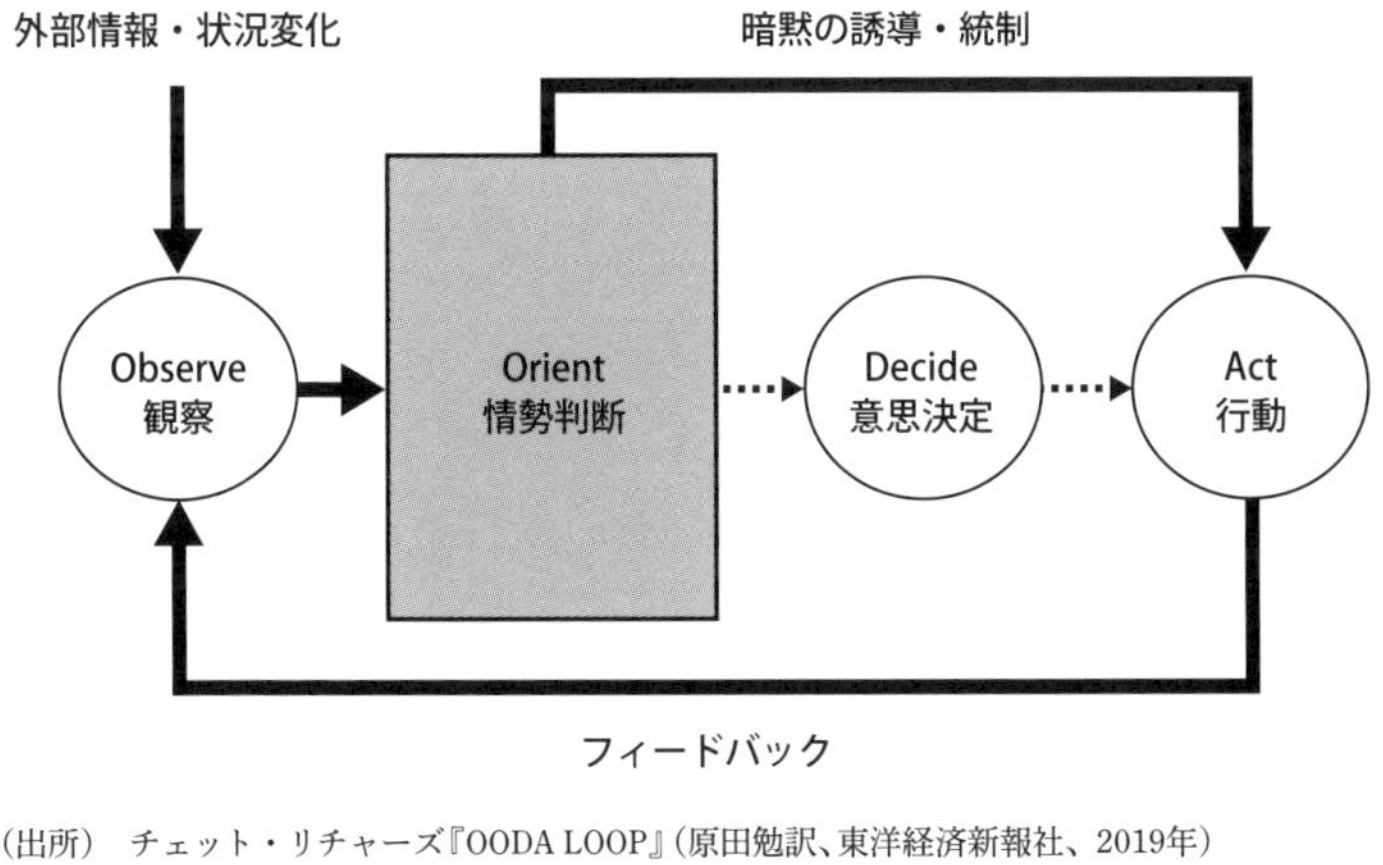

（出所）　チェット・リチャーズ『OODA LOOP』（原田勉訳、東洋経済新報社、2019年）

えることであり、魚の釣り方を教えることにはなりません。しかも、多くの場合は、上司が口出しすれば現場は混乱するだけであり、百害あって一利なしとなります。
したがって、上司と部下、あるいは、現場担当者間での相互信頼が重要な要因となります。これがなければＯＯＤＡループは機能しません。

組織で高速OODAループを回す

事例 オレオ――10分以内に現場対応できる態勢

少し古い話になりますが、ＯＯＤＡループの成功事例として、２０１３年の第47回スーパーボウルで最も大きな成功を収めたクッキーのオレオのケースがあります。

スーパーボウルは米国でも最も人気の高いスポーツイベントです。テレビの高視聴率ランキングでもスーパーボウル関連の番組が上位を占めています。企業にとっては広告宣伝の大きなチャンスで、テレビCMの料金は400万ドルを下りません。

この試合の第3クオーター中に34分もの停電が生じるというアクシデントが起こりました。オレオはこの機会を生かし、「停電？　大丈夫さ」というツイートとともに、スポットライトの当たったオレオの画像に「暗闇でもダンクすることができる」（YOU CAN STILL DUNK IN THE DARK）というキャプションをつけたのです。

オレオはクッキーを2つに割り（twist）、中にあるクリームを舐め（lick）、ミルクにつけて食べる（dunk）という「twist, lick, and dunk」をキャッチコピーとしています。ミルクに浸すダンクという動作は、停電中の暗闇でもできるというこの当意即妙なジョークは、1万5000件近くのリツイートと2万件以上の「いいね」を誘発しました。それは、膨大な広告費用のかかるテレビCM以上の宣伝効果を生み出したことになります。

実はそのとき、コピーライターやアーティストなどから構成される15人のソーシャルメディア・チームが存在していました。スーパーボウルの試合中、かれらはオンラインで待機し、10分以内であらゆることに現場対応できる態勢をとっていました。つまり、これは偶然の産物ではなく、状況の変化に即応できる組織的な態勢を事前に整備していたのです。

最近では、新製品の評判や広告効果について、TwitterやFacebookなどのSNSからリアルタイムで情報を収集し、得られた情報にもとづき迅速に対応していくことや、ネット上で自社製品・サービスに対するクレイマーを見つけると、担当者が個別に対応していく、ということは多くの企業ですでに取り入れられつつあります。

その際、具体的なアクションをとるとき、複数の上司の決裁印がなければ動けないということでは適切なタイミングを逸してしまうことになります。そこでは現場担当者の即断即決が求められます。

現場での迅速な情報収集、即断即決、実行を支えるための組織的な仕組み、仕掛けを整備することは必ずしも容易なことではありません。しかし、このOODAループを高速で回すことができる組織は、直面する不確実性が競合他社よりも低く、より機動的な戦略を実行していくことができます。

米海兵隊でも、戦地での不確実な状況のなかで少数の精鋭部隊が情報収集活動に当たり、敵の裏をかき、機動作戦を実行します。ここで鍵となるのがOODAループをできるだけ速く回すということです。湾岸戦争など現代戦の特徴は、迅速な機動作戦によって味方の犠牲を最小限にして敵を制圧していることです。

これを可能にしているのが高速OODAループにほかなりません。したがって、高速O

ＯＯＤＡループと機動戦略は一体不可分の関係にあります。

宮本武蔵の『五輪書』がＯＯＤＡループの源流

ジョン・ボイドがＯＯＤＡループのアイデアを発想した直接のきっかけは、朝鮮戦争でのソ連製ＭｉＧ－15戦闘機と米国製Ｆ－86戦闘機との空中戦であり、後で詳しく触れますが、第二次世界大戦でのドイツ軍の画期的な大勝利、電撃戦です。しかし、かれの戦略思想、特に機動戦原則において最も影響を受けたのが、2冊の東洋の書物でした。1冊が『孫子』であり、もう1冊が、宮本武蔵の『五輪書』でした。

香港出身の軍事戦略研究者、デレク・ユアンによれば、『孫子』の「戦わずして勝つ」という思想を西洋で初めて間接アプローチという形で導入したのがリデルハートです。[1] しかし、それは不完全で抽象的なものであり、より完全な形で具体化、先鋭化して定式化したのがボイドのＯＯＤＡループになります。

しかし、ボイドに大きな影響を与え、かれの機動戦術とほぼ同じ原型を提示したのが、

（1）デレク・ユアン『真説 孫子』（奥山真司訳、中央公論新社、２０１８年）

宮本武蔵の『五輪書』だったのです。ボイドの戦闘哲学の多くは、『孫子』の具体化モデルを提示した『五輪書』に依拠しているのです。

宮本武蔵は生涯で60を超える決闘を行い、そのすべてに勝利しています。それらの決闘のなかで有名なのは、佐々木小次郎との巌流島の戦いです。しかし、これはかなり吉川英治の小説『宮本武蔵』（新潮文庫）の創作が入っているようです。

おそらくかれにとって最も重要な勝利は、京都の一乗寺下り松での吉岡一門との決闘でしょう。吉岡一門は将軍家兵法指南役を務めた名門であり、そこを破ることでかれの名声は飛躍的に高まりました。この吉岡一門との決闘は、一度だけではなく、複数回行われたようです。そして、その最終的な決闘となったのが、一乗寺下り松の決闘ということになります。

では、武蔵はなぜ勝利することができたのでしょうか。

小説では、一乗寺下り松の決闘では、数十人に対してかれが一人で立ち向かい、勝利したことになっています。確かに現場には数十人とも数百人ともいわれる門弟たちが集まっていたようです。しかし、実際の相手は12歳の幼い当主、吉岡源次郎でした。

武蔵は一乗寺下り松を一望できる高台から敵の動向を観察し、源次郎が油断している隙を逃さず、一挙にかれのところに気づかれないように近づき、背後から斬り倒したのです。不意を突かれ慌てふためいた一門の者の何人かは、武蔵に向かっていきましたが斬られてしまい、武蔵は一目散にその場所を立ち去ったのです。

巌流島の決闘でも、武蔵はあえて約束時間よりも大幅に遅れて現れ、いらいらした小次郎に対して闘いを挑んでいます。これらはいわば物理的・心理的な奇襲戦略という点で共通しており、それによって相手をパニックに陥れ、心理的に麻痺させることで優位に闘いを進めているのです。

心理的優位に立って勝負する

それでは、宮本武蔵の戦略とは具体的にはどのようなものだったのでしょうか。『五輪書』のなかでかれは次のように書いています。

「さらに、命がけの戦いで、一人で五人、十人ともたたかい、確実に勝利する道を知ることが、わが兵法なのである[2]」

つまり、確実に勝つ戦略をかれは心がけていたのであり、決してフェアな条件のなかで強さを競うことではなかったのです。

その戦略の要諦は、「裏をかき、機先を制す」ということです。敵が行おうとする前に、その出鼻をくじくことで優位に立つことができます。それが可能なのは、事前の観察があるからです。武蔵は次のように書いています。

「また一対一の戦いにあっても、敵の流派をわきまえ、相手の性質をよく見て、その人の長所短所を見わけて、敵の意表をつきまったく拍子のちがうように仕掛け、敵の調子の上下を知り、間の拍子をよく知って、先手をとってゆくことが重要である」(3)

これは、OODAループの観察および情勢判断を指しています。ただ単に観察するだけでなく、敵の長所・短所、心理的な状態を洞察することです。

特に、武蔵は敵の心理を重視します。敵が期待し、予期することと違うことを行い、意表をつき、パニックに陥らせる。実際、かれは相手の背後から斬りつける、約束の時間に現れない、など、敵の予想をことごとく裏切る行為に出て、心理的に優位に立ち、そのうえで勝負しているのです。

この武蔵の戦略は、まさにドイツ軍が電撃戦で行った機動戦略に相当します。この電撃戦では、イギリス・フランス連合軍が、ドイツが侵入してくるだろうと予測していたフランス国境北部ではなく、難所であった南部のアルデンヌの森を戦車の高速移動で越境し、北部で待機していた連合軍主力部隊の背後を攻撃し、2〜3週間のうちに勝負を制してしまったのです。

これは、敵の意表をつき、予期していなかったところから攻撃をすることで、相手を心理的にパニックに陥らせました。実際、ドイツ軍と戦う前に戦闘を放棄して現場を逃走する兵が後を絶たず、ドイツ軍はほとんど反撃を受けず、最小限の損害で量的に自軍を上回る連合軍を制圧することができたのです。

このような機動戦の原型が、すでに武蔵の決闘のなかに、そして『五輪書』の記述のなかに見られるのです。つまり、武蔵の戦略とは、闘う前に心理的に優位に立つということです。これは『孫子』の「戦わずして勝つ」の武蔵なりの具体化です。機先を制し、闘う前に、心理的に優位に立ち、勝つべくして勝つということを可能にしたのです。

したがって、武蔵にとっては決闘の前に、すでに勝利していたことになります。ドイツ軍の電撃戦での画期的な勝利、そして、第一次湾岸戦争でのシュワルツコフの左フック戦略などもすべてこの機動戦の実行であり、それによって最小限の損害で最大限の勝利を収

（2）宮本武蔵『五輪書』（鎌田茂雄訳注、講談社学術文庫、1986年）
（3）前掲書

めることができたのです。

機動戦略は「観察」から始まる

事例　名探偵デュパンの観察力

したがって、機動戦略の基本は観察ということになります。計画ではなく観察から始まるのです。

シャーロック・ホームズにも大きな影響を与えたと言われる世界初の名探偵、オーギュスト・デュパンが登場するエドガー・アラン・ポーの推理小説に『盗まれた手紙』があります。

この物語の舞台はフランス王宮です。D大臣がある重要な手紙を盗み、秘密の命令を受けたG警視総監が徹底的に捜査しますが発見することができません。相談を受けたデユパンは、即座に手紙のありかを見抜き、手紙を取り返します。

デュパンが手紙を瞬時に見つけることができたのは、D大臣の知力をまずは観察したからです。デュパンは、G警視総監の欠点を次のように指摘します。

「総監やその部下たちが、あんなにちょいちょい失敗するのは、（中略）相手の知力のはかり方が悪いため、というよりも、むしろはからないためなんだ。彼らはただ自分たち自身の工夫力だけしか考えない。そしてなんでも隠されたものを捜すのに、自分たちの隠しそうな方法だけしか気がつかない[4]」

一方のデュパンは次のように推理します。

「僕は、D――の大胆な、思いきった、明敏な工夫力と、彼がその書類を有効に使おうと思うなら常にそれを手近に置かなければならないという事実と、それが総監のいつもの捜索の範囲内には隠されていないという、その決定的な証言とを考えれば考えるほど、――大臣がその手紙を隠すのに、ぜんぜんそれを隠そうとはしないという遠大な、賢明な方策をとったのだということがわかってきたのだ[5]」

（4）エドガー・アラン・ポー『盗まれた手紙』（佐々木直次郎訳、青空文庫）

（5）前掲書

このように相手の知力を正確に評価することで、誰が来てもすぐ目につくようなところ、すなわち、暖炉の前にぶら下がった手紙差の中に盗まれた手紙を発見したのです。

この物語からわかるのは、自分の都合で立てた計画を押し付けるのではなく、まずは環境を観察し、それを的確に評価したうえで対処しなければならないということ、なかでも人が気づかないところを観察しなければならないということです。

これはビジネスの世界でも同様です。他社や顧客、社内の同僚が気づかないところを観察し、そこで得た情報をもとに即座に行動に移すことで、ライバル企業に勝つことができるのです。

機動戦略の2つの要諦

「戦略の多きは戦略の少なきに勝利する」

これは中国の『孫子』注釈者、張預の言葉です。ここでいう戦略とは孫子流の戦略であり、現代的に翻訳すれば、ボイドの主張する機動戦略を意味します。機動戦略の要諦は次の2点に要約することができます。

①戦わないために戦う
②失敗しないために失敗する

まず、①「戦わないために戦う」とは、より正確に表現すれば、消耗戦で戦わないために、機動戦略を駆使して戦うということです。機動戦略は、1回限りの作戦ではなく、状況を観察して臨機応変に対応するものです。それは、②「失敗しないために失敗する」と表現することができます。

つまり、致命的な失敗（＝消耗戦への移行）をしないために、小刻みな試行錯誤、すなわちOODAループを回していくということです。それによって不確実性を削減し、競争相手との消耗戦を避けつつ確実に勝利するためです。

OODAループのなかでも鍵になるのが、「競争相手が気づいていないことを観察する」ということなのです。日本軍が第二次世界大戦で敗北したのも、こうした機動戦略をまったく採用せず、非現実的な計画、たとえば、「竹槍でB29を撃破せよ」「一億総玉砕」「神風が吹く」という幻想を国民に押し付けたからです。これは、宮本武蔵の『五輪書』の教えがまったく生かされなかったといえるでしょう。

「人は出世すればするほど愚かになる」

神は「現場」に宿る

ビジネスにおける機動戦略では、現場情報をいかに観察し、収集することができるのかがポイントになります。

たとえば、営業マンの場合でいえば、自社製品だけでなく競合製品の販売現場での動向をリアルタイムで観察していくことが重要になります。ライバル企業が価格を急に変えたり販促キャンペーンを仕掛けてきた場合、素早くその現場情報をつかみ、対抗策を練る必要があります。

開発現場でも同様です。ベンダーなどを通じて競合他社の開発動向を素早くつかみ、それに対応していくことが重要になります。

「自由は与えられるものではなく自ら勝ち取るものである」という言葉があります。これは現場情報についても成り立ちます。鮮度の高い現場情報は与えられるものではなく、自ら勝ち取っていかなければならないのです。このような鮮度の高い現場情報の収集メカニズムこそが、効果的な機動戦略、OODAループの起点となります。

鮮度の高い現場情報を頻繁に社内で発信している人は少ないのではないでしょうか。特に、管理職の立場になり、出世すればするほど、現場情報から遠ざかってしまうことになります。管理職が扱う情報は下から上げられた二次情報のみであり、組織にとって不都合な情報は遮断されて入ってこなくなります。

現場情報の観察の機会は、職位が上がるに従って減少し、OODAループを回すことができなくなっていくのです。「人は出世すればするほど愚かになる」というピーターの法則の根拠はここにあるのかもしれません。

もちろん、部下が上げた情報にもとづき計画をたて、その進捗状況をチェックし、指示することはできます。PDCAサイクルを回すことは二次情報でも可能だからです。ただし、鮮度の高い現場情報が反映されていなければ、そのPDCAサイクルは効果的なものではなくなるでしょう。

ドイツの建築家ミース・ファン・デル・ローエはかつて「神は細部に宿る」と言いました。機動戦略にとっては、「神は現場に宿る」のです。

もっとも、「神は現場に宿る」といっても、二次情報が重要ではないということではありません。問題は、二次情報のソースや情報量が膨大であり、その取捨選択に時間とコストが多くかかるという点です。

この問題を解決するために、OODAループの考え方にもとづいて二次情報を迅速かつ効率的に収集する興味深い取り組みをしている会社があります。東大発のベンチャー、ストックマーク社です。

事例 ストックマーク社——OODAとAIとの融合

ストックマーク社のAnewsというシステムは、最新の自然言語処理技術を用いて、膨大なウェブニュースのテキストを解析することで、自社ビジネスを取り巻く環境をリアルタイムに観察（O）し、いま読むべきニュースとしてAIが毎日レコメンドしてくれるサービスです。

さらに、ただ情報を観察するだけではなく、OODAループの次の段階である情勢判断（O）、特に「組織的な」情勢判断にも効果的につなげています。Anewsにはセレクトされたニュースに対するコメントやメンション機能があり、「リスク」や「チャンス」といった判断フラグをメンバー間で共有することができます。

ストックマーク社によれば、「AIにどんどん学習させることで、今後は自動でリスクやチャンス判定もされていく」とのことです。

OODAとAIとの融合は、主に観察、情勢判断の部分で生じます。実際、このAnewsを活用している企業からは、Anewsを活用することにより、OODAを組織的に回していくきっかけとして役立てていることがわかります。特に新規事業や経営企画部署において、新しい事業アイデアの創出や、社内でイノベーションを起こすカルチャー作りに活用されています。

従来の軍事領域でのOODAでは見られなかったAIを駆使した新しい展開が、ビジネスの領域ですでに気づかぬうちに進展しているのです。実際、Anewsを導入している企業は、三菱UFJ銀行、セブン銀行、帝人、TOTO、サントリー、WOWOWなど、すでに1000社を超えています。

このようなAIシステムが、デュパンの推理手法である「人が気づかないところを観察する」ことを可能にし、OODAループを高速で回すことを可能にします。不確定要素の高いＡＩ時代のビジネスにおける機動戦では、ここで大きな差が出てくるのです。

ただし、すべてＡＩに任せればよいかといえばそうではありません。というのも、ＡＩが適用できる領域は、ビッグデータが存在する領域であり、前例のない状況での決断にはＡＩは馴染まないからです。たとえば、研究開発活動の大半は人間による活動であり、人間によるＯＯＤＡループ（一部、ＡＩなどに任せるとしても）を回すことが鍵となります。

したがって、今後の組織に必要なのは、少なくとも非定型的領域においては、ＡＩとともに人間によるＯＯＤＡループを組織的に高速で回すための仕組みを整えることです。そして、その成果を機動戦略へと実現していくことが求められます。

従来の競争戦略は、差別化、低コストなど、どちらかといえば安定した強みにもとづいたシステムとしての戦略です。機動戦略とは、システムで勝負するのではなく、市場との「即興演奏（improvisation）」を行っていくことであり、Ｂ２Ｃの企業といえども、ソーシャルメディアの双方向性により、個客対応を低コストで実施することが可能になりつつあります。

この即興演奏こそが今後の競争優位の新たな源泉であり、それを可能にするのが高速ＯＯＤＡループを組織的に回すということになります。

経営の本質は自転車操業

私は経営の本質とは、自転車操業にあると考えています。ここでいう自転車操業とは、資金繰りに追われた経営ということではありません。そうではなく、自転車は漕ぎ続けることを止めれば倒れてしまうということです。

ペダルを漕ぐのはあくまでも自分の足であり、他人に代わってもらうことはできません。このペダルを漕ぐスピードが速ければ速いほど、他の自転車の先頭を切ってリードすることができます。逆に、そのペダルを漕ぐことができなくなれば、最終的には自転車は倒れざるを得ません。

同様に、経営とは自社の力でペダルを漕ぎ続けることであり、そのペダルに該当するのがOODAループです。

OODAループを最初に聞いたとき、「だから何？」という反応をする人が少なくありません。おそらく、その理由は、個人レベルでは意識せずにOODAループを回していることが少なくないからでしょう。

人間は常に計画的に動いているわけではありません。日常生活のなかで、漠然とした夢を達成するためにどうすればいいかわからず、試行錯誤を繰り返すという経験をした人は多いでしょう。そこでは暗黙的にOODAループを回しています。

ただし、これを組織的に実行することは非常に難しいものです。特に、組織の規模が大きくなるに従い、その困難さは増していきます。

しかし、AI、IoT、ビッグデータ、ソーシャルメディアの発達という流れのなかでは、リアルタイムにデータを収集し、即座に判断して行動に移すこと、これが競争優位を築くための鍵になります。

どのような環境変化にも即時対応できる、次世代の最強組織を築くためには、OODAループに着目し、組織として取り組むことが大切です。つまり、OODAループを基本にするマネジメント（本書ではこれを「OODAマネジメント」と呼んでいます）を確立していくことが求められるのです。

第2章

OODAマネジメント

勝負は闘う前に決まる

不確実性への対応

ボイドが提唱した機動戦には、不確実性の削減が重要です。敵よりも多くの確かな情報を獲得し、情報的に優位になることで、心理的優位性も獲得することができます。この不確実性の削減の主なツールが、ＯＯＤＡループになります。ＯＯＤＡの要諦は、「観察」と「情勢判断」です。

観察では、敵よりも多く現場を観察すること、武蔵の例でいえば、高台から敵の動向を観察し、チャンスを見いだすや否や、即座に攻撃を仕掛けるということです。この時点で敵は武蔵の行動を観察できていないため、情報面で不利な立場にあります。これでは、勝つべくして勝つことは不可能です。

おそらく、武蔵の決闘相手は、剣術自慢の猛者《もさ》であり、闘いとは力と力のぶつかり合い、剣術の腕で決まると思い込んでいたのでしょう。かれらは約束された時間と場所をキチンと守り、フェアな条件の下で決闘を望んでいたのです。これはまさにＰＤＣＡサイクルを回そうとしていたととらえることもできます。

一方の武蔵は、剣術の腕はさることながら、闘う前に勝利することを心がけていました。つまり、ＯＯＤＡループを回すことで、敵よりも情報面、心理面で優位に立ち、そのうえで剣術では互角か場合によっては互角以上だったかもしれない相手に攻撃を仕掛け、勝つべくして勝つことができたのです。

両者の違いは、情報収集を初期の段階で行い、そのうえで即座に決断し行動していたのか否かという点にあります。重要なのは、ＰＤＣＡ、ＯＯＤＡという言葉自体にあるのではなく、具体的にどのようなステップで行動したのかということです。

ただし、ＰＤＣＡサイクルを重視した場合、逐次的な観察よりも計画立案が重視される傾向が強くなります。企業の場合、計画に半年以上の時間をかけ、そのために膨大な資料づくりを行うことになります。その間、情勢は刻々と変化しており、適切な観察、情勢判断が軽視されるという場合も少なくありません。これでは機動戦略を実行することはきわめて難しくなります。

軍事領域でも、現代の機動戦略の特徴は、まずは戦地に少数の特殊部隊を送り、敵の状況を観察し、逐一、司令部に連絡をしながら好機を探し、一瞬のチャンスをつかむと、待機していた部隊がそこを高速で攻撃するという点で共通しています。これには観察、情勢判断が大きな役割を果たしているのです。

不確実性の想定内化

ただし、観察、情勢判断を重視するといっても、事前の準備なしの行き当たりばったりの対応を推奨するのでは決してありません。もちろん、リーマンショックや東日本大震災、新型コロナウイルスの流行といった想定外の事態が生じた場合は、朝令暮改は当たり前、傍《はた》から見ていれば行き当たりばったりの対応になるかもしれません。しかし、想定外の事態というのは、そんなに頻繁に生じるものではありません。

ＯＯＤＡループは、想定外の事態への対応という意味でも役立つものであり、むしろ、ＰＤＣＡよりも最適なマネジメントのあり方だといえます。ただそうであっても、ＯＯＤＡがビジネスの領域に応用される場合、その日常業務のなかでそれが真価を発揮するのは、いつ起こるか予測できない「想定外の事態への対処」ということにあるのではなく、通常ならば想定外となるかもしれない事象を、「想定内化」することにあります。

この点で、危機管理と呼ばれるものも、想定外の事象の想定内化という点で共通しているかもしれません。しかし、危機管理とはあくまでも想定外の事象を事前に想定し、それが将来生じた場合にも対処できるように準備することです。それに対し、OODAによる「想定内化」とは、必ずしも想定外の事象をピンポイントに特定し、そのための準備をするものに限定されません。

比喩的に述べれば、想定外の事象を点として想定内化するのが危機管理であるとすれば、OODAマネジメントとは、想定外の事象を「面として囲い込み」、そのなかのどの点が生じたとしてもある程度対応できるように準備することを意味します。このような「不確実性の想定内化」にこそOODAループの本質があります。

仕組みとしてのマネジメント

ピーター・ドラッカーの定義

この不確実性の想定内化のOODAマネジメントを考える前に、まずはマネジメントの意味を明らかにしておく必要があります。

経営学者の数だけマネジメントの定義の数は増えるとよく言われるように、この概念が意味するところは多種多様です。しかし、本書では、マネジメント、コントロール（管理）、リーダーシップという概念を明確に定義し、これらを使い分けることにしたいと思います。というのも、使い分けることによって、議論がより明確になるからです。

この点に関し、ピーター・ドラッカーはマネジメントとリーダーシップとの違いについて「マネジメントは事を正しく行うことで、リーダーシップとは正しい事をすることである」と指摘したと言われています。

「事を正しく行う」とは、決められた枠組みのなかで行動し、所定の成果を出していくことです。それに対して、「正しい事をする」とは、「事」自体を適切に決定していくことです。単純化すれば、戦うべき「正しい場所を設定する」のがリーダーシップであり、その「正しい場所で効率的に戦う」のがマネジメントということになるでしょう。

しかし、実はドラッカーはこのようなことを述べていません。かれが主張したのは、「効率性は事を正しく行うことで、有効性とは正しい事をすることである」ということです。[6] つまり、効率性と有効性の違いを語っているのです。

このような誤解が生じたのは、後にウォレン・ベニスとバート・ナナスが、ドラッカーのこの文章のうち効率性を「マネジメント（マネジャー）」に、有効性を「リーダーシップ（リーダー）」に置き換え、両者の違いとして著書に記載したからです[7]。かれらはリーダーシップ論の専門家であるため、どうしてもリーダーシップをマネジメントの上位に置きたかったのでしょう。

しかし、本書では、かれらの定義を少しずらし、「正しい事をすること」をマネジメント、「事を正しくすること」をコントロールと定義することにします。

というのは、「正しい事をすること」をリーダーシップという属人的要素に限定するのではなく、同時にそれを補完し支える仕組みを考えることが大事だと思うからです。このほうがドラッカーの原意に近いものと思います。

リーダーシップというのは個人的な機能・役割に着目した概念です。したがって、リーダーシップは個人差が大きく、リーダーが替わればリーダーシップも異なり、安定しない傾向にあります。「正しい事をする」のに、リーダーが替わることで中身がコロコロと変わるようでは問題です。それはある程度までは安定していることが必要であり、そのため

（6）Peter F. Drucker (1967), *The Effective Executive*, Harper & Row, New York
（7）Warren Bennis & Burt Nanus (1985), *Leaders*, Harper & Row, New York

には何らかの仕組みが求められます。

マネジメントとは仕組みである

私は、マネジメントを仕組みとしてとらえるべきだと考えています。それがリーダーシップのような個人的属性だとすれば、マネジメントは属人的なものになってしまいます。けれども、人材の流動性が激しい海外の企業が、人が替わることで経営が不安定化しているかといえばそうではなく、一定水準の経営の継続性、安定性は維持されています。

それが可能なのは、仕組みが確立しているからです。仕組みがあることで、属人的要素をある程度まで緩和することができているのです。したがって、「正しい事をする」ための仕組みを広義のマネジメントとして定義することにしたいと思います。

ここでなぜ「広義の」という言葉を付け加えるかといえば、「狭義の」マネジメントという概念も導入したいからです。正しい事をするための仕組みがマネジメントとしても、不確実性が高い場合とそうでない場合とでは、その仕組みは根本的に異なってきます。別の表現をすれば、例外処理なのか原則処理なのかの違いです。

後者の場合、マネジメントの仕組みは事前に詳細かつ厳格に規定することができます。

すでに決定されている原則に従って物事を処理していけばよいからです。その仕組みはルール化され、そのルールを遵守するように監督することがマネジメントの役割になります。本書では、これをコントロール（管理）と呼ぶことにしたいと思います。

したがって、確実な状況のもとで戦うべき「正しい場所」を決定するのはもはやコントロールであってマネジメントではありません。ここにマネジメントがあるとすれば、このような処理が依拠している原則を仕組み化する部分に求められるでしょう。

一方、例外処理の場合、事前準備やルール化はかなり難しいものになります。不確実性が高くなると、どのような例外が発生するのか事前に予測できないことになります。その場合、状況に応じて臨機応変の対応が求められます。

このような状況での適応の仕組みを構築し、実行

図2-1 本書のマネジメントの定義

組織全体

- **広義のマネジメント**
  正しい事をするための仕組み
- **狭義のマネジメント**
  不確実性へ対処するための仕組み
- **コントロール（管理）**
  確実な状況のもとでの原則処理

個人

- **リーダーシップ**
  正しい事をする仕組みのなかで果たす
  個人的な機能・役割

していくことはきわめて難しいものになります。この不確実性への対処こそが、マネジメントが本領発揮する領域になります。そのため、この不確実性へ対処するための仕組みを、狭義のマネジメントと呼ぶことにしたいと思います。本書では、マネジメントという言葉は、主としてこの狭義の意味で使用することにします。

それでは、リーダーシップはどうなるのでしょうか。リーダーシップについてはドラッカー（正しくは、ウォレン・ベニスとバート・ナナス）の定義のままでよいと思います。マネジメントとリーダーシップの違いは、仕組みなのか、個人的な機能・役割なのかということにあります。言い換えると、マネジメントは「正しい事をする」ための仕組み、リーダーシップは、その仕組みのなかで果たす個人的な機能・役割のことです。

仕組みとしてのマネジメントは組織全体の視点に立つのに対し、リーダーシップは個人的な視点に立つものです。リーダーシップとして前提とされているのがリーダーなり経営者であれば、その個人の視点と組織全体の視点は一致します。

重要なのは両者が相対立するものではなく補完的なものであり、リーダーシップが機能するためには、それを支える仕組みを整える必要があるということです。不確実性のなかで「正しい事をする」ための仕組みを考えていこうというのが本書の主な目的です。

不確実性の4つのタイプ

従来の戦略立案ツールが通用しない未来

それではそもそも「正しい事」「正しい場所」とは何なのでしょうか。経営は政治でもなければ哲学でもないので、抽象的な正義論が問題になっているのではありません。「正しい」とは企業が「やるべきこと」であり、それを行ったほうが「成功の確率が高くなる」ようなものです。

人間万事塞翁が馬であり、「成功」ということの定義も実は難しいのですが、ここでは暫定的に、何か与えられたミッションがあり、そのミッション達成度によって成功を測定することができると仮定しましょう。言うまでもなく、この達成度を左右する大きな要因となるのが不確実性です。したがって、「正しい事」とは、不確実性に適切に対処するということを意味します。

経営の領域で想定される不確実性をうまく図式化したのが、コートニー、カークランド、ビゲリーによって提唱された不確実性の4つのタイプです。[8] これらは図2-2に示されています。

左上から順番に、「確実に見通せる未来」「他の可能性もある未来」「可能性の範囲が見えている未来」「まったく読めない未来」の4つのレベルに分けられています。

レベル1からレベル4に行くに従い、不確実性は高まります。このなかで最初の2つのレベル1とレベル2はコントロールで対応可能なものです。

まず、レベル1の「確実に見通せる未来」には不確実性はほとんどありません。レベル2の「他の可能性もある未来」についても、将来生じる事象が事前に確定

図2-2　4つの不確実性

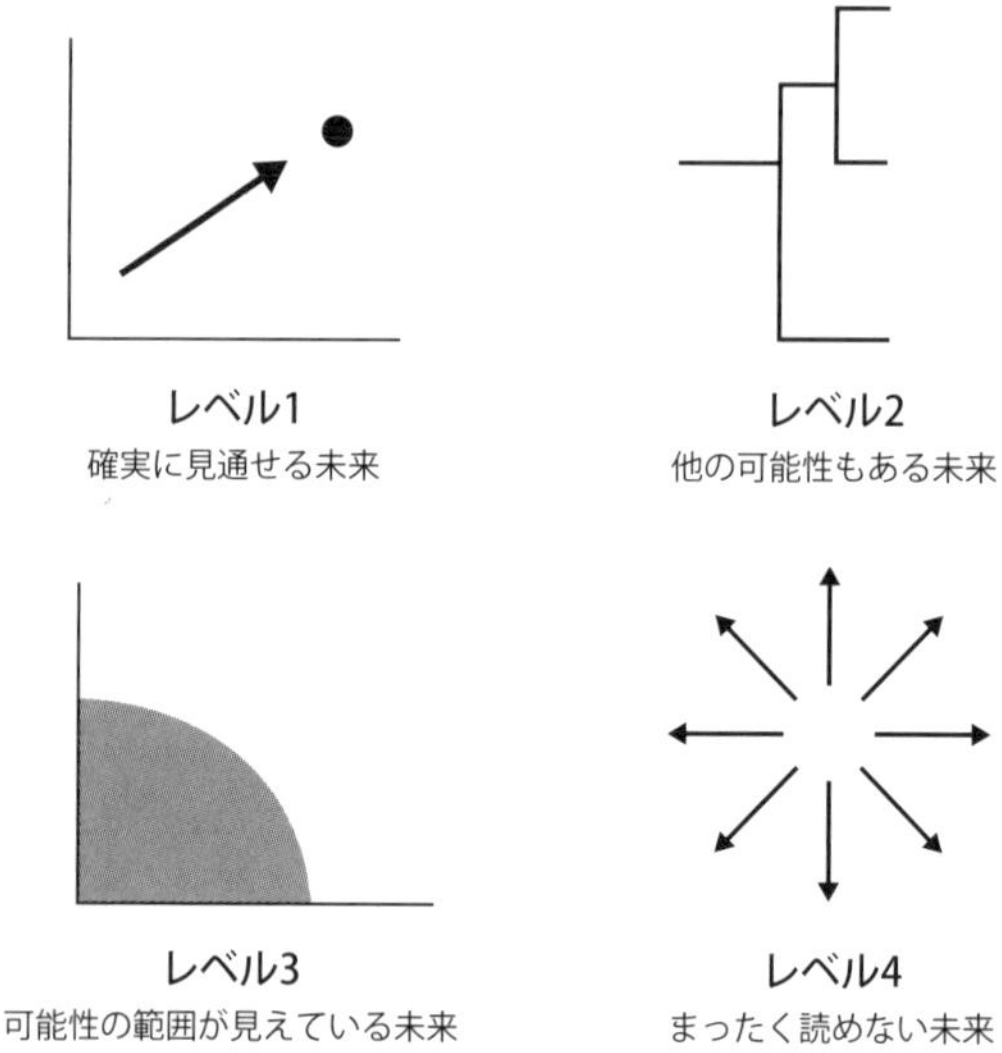

（出所）　Courtney, Kirkland, & Viguerie (1997) より著者作成。

でき、その発生する確率もある程度明らかな場合であるため、想定外の事態が生じることはありません。身近な例でいえば天気予報のようなもので、雨、晴れ、曇り、雪などのような天気になるかは事前に想定可能でその確率もわかっています。

したがって、各事象に対して事前に準備することで計画的に対応できます。これらのケースでは、ＰＤＣＡサイクルを適切に回していくコントロールが重要になります。

コントロールではなくマネジメントが求められるのが、レベル３の「可能性の範囲が見えている未来」、レベル４の「まったく読めない未来」の２つです。

レベル３の「可能性の範囲が見えている未来」は、特定の事象を予測することはできないものの、事象を寄せ集めた集合のレベルではある程度見通しがつく状況です。たとえば、指輪を紛失したとき、家のなかで指輪を落としたと特定できる場合を指します。

したがって、探索する領域は事前に特定することはできますが、そのなかのどの事象がどのような確率で生じ得るのかについてはわからないことになります。指輪の例でいえば、

（8）Hugh Courtney, Jane Kirkland, & Patrick Viguerie（1997）, "Strategy Under Uncertainty," *Harvard Business Review*, November-December（「四段階に分けて適切な戦略と行動を選択する　不確実性時代の戦略思考」『ＤＩＡＭＯＮＤハーバード・ビジネス・レビュー』２００９年７月）

家のなかのどの場所にあるのかをピンポイントで示すことはできず、家の隅々を隈なく探すしか方法はありません。

レベル4の「まったく読めない未来」は、太平洋上で360度海に囲まれ、東西南北の方向もわからないような状況を指します。指輪をどこで落としたのか記憶になく予想もつかないような場合です。この場合は事前の対応よりも、事後的な適応がポイントとなります。つまり、何が生じるか予測ができないため、事前に計画するよりも、何が起こっても対応できるように準備しておくことが求められます。

コートニー、カークランド、ビゲリーは、不確実性に直面した場合の戦略姿勢として、「未来を形作る」「未来に適応する」「プレー権を確保する」という3つのものを提示しています。「可能性の範囲が見えている未来」「まったく読めない未来」という不確実な状況では、最後の「プレー権を確保する」、すなわち、競争から脱落しないように組織能力を高めておき、何が生じても即座に対応できる態勢を整えておくことが推奨されています。

かれらの主張のポイントは、従来の戦略立案ツールは「確実に見通せる未来」「他の可能性もある未来」というレベル1、レベル2のケースでのみ有効であり、「可能性の範囲が見えている未来」や「まったく読めない未来」というレベル3、レベル4には適用できないことを示すことにありました。

一方、レベル3、レベル4のような不確実な状況下でのマネジメントがどのようなものであるべきかについて、具体的な処方箋は提示されていません。けれども不確実性への想定内化がマネジメントの本質であるとするならば、この点をより深く掘り下げて考えていく必要があります。

ハインリッヒ（ヒヤリハット）の法則

本書で提案したいのは、不確実性への対処、特に、「可能性の範囲が見えている未来」「まったく読めない未来」という状況に対するマネジメントのあり方です。

これは不確実性の想定内化がポイントとなります。想定外の状況にどう対処するかも重要な課題であり、そこでもOODAループは機能します。戦場ではまさに想定外の事態の連続であり、だからこそ世界各国の軍隊ではOODAループが採用されているといえます。

しかし、ビジネスの世界の場合、想定外の事態が当たり前という状況は考えにくいものです。そもそものような環境では、ビジネスは小規模でしか成立しないと思われます。多くの企業にとって現実的なのは、不確実だけれどもある程度まではその範囲を特定できる場合、すなわち、「可能性の範囲が見えている未来」です。

もし、「まったく読めない未来」であったとしても、コートニー、カークランド、ビゲリーは指摘していませんが、そこから可能性の範囲を特定し、「可能性の範囲が見えている未来」に転換していくことが重要です。つまり、「不確実性の想定内化」です。

これは、「可能性の範囲が見えている未来」でも同様です。ここでは範囲は特定できるけれども、その範囲がやはり広い状況です。したがって、その範囲をより狭めていくことが効率的なマネジメントには求められます。これも「不確実性の想定内化」と呼ぶことができます。

このような「不確実性の想定内化」のためのマネジメントとして、本書では「OODAマネジメント」を提案したいと思います。

これはOODAループを高速で回転させていくためのマネジメントであると同時に、その背後の仕組みとして、不確実性を想定内化するための仕掛けを工夫していくことから構成されます。OODAループを回転させる前提として、所与の不確実性に対処するだけでなく、「不確実性の内生化」を実現していくことが重要です。

内生化とは、システムのなかで不確実性の程度をある程度まで操作できるということです。天気予報のような自然現象であれば、そこに含まれる不確実性に私たちが影響を及ぼすことはできません。

しかし、ビジネスの場合、やり方次第によっては不確実性をある程度まで左右できるのです。それによって、不確実性の想定内化が可能になります。

たとえば、大事故が起こったとしても、それはまったく不確実な現象かといえば必ずしもそうではありません。有名なハインリッヒ（ヒヤリハット）の法則によると、1つの大事故の前に29のヒヤリとする中事故があり、さらにそれらの予兆として300ものハットするような小事故が生じていることになります。

もし、これらの小事故や中事故を見逃していれば、大事故は想定外の出来事になります。しかし、小事故がある程度以上の頻度で生じていることを事前に検知する仕組みがあれば、中事故に至るまでの問題を解決することができます。少なくとも、中事故レベルでの検知は大事故を避けるためには絶対的に必要です。

したがって、小事故、中事故を事前に検知し、ある閾値を超えれば操業をストップするなり、網羅的な点検を始めるなりの仕組みがあれば、大事故という不確実性をある程度まで削減することが可能になります。つまり、マネジメントの仕組みによって、不確実性を削減し、小事故、中事故レベルで想定内化した対処が可能になるのです。

中国の『易経』では、この「兆し」を素早く察知することを重視しています。たとえば、春の兆しは、常識的には昼夜の長さが等しくなる春分ということになるでしょう。しかし、易では、一陽来復という言葉があるように、冬至という日の長さが最も短く、最も寒いときに春の兆しをみるのです。というのも、冬至以降は日照時間が徐々に増加していくからです。寒さという陰が極まると、その時点で陽へと転じるわけです。

「窮すれば変ず、変ずれば通ず」という『易経・繋辞伝』にある言葉はこのことを指します。この陰陽転化の時点が兆しとなるのです。『易経』は3000年以上も前からある書物ですが、そのときから、先行指標の重要性が認識されていたことになります。これも不確実性の想定内化の事例だといえるでしょう。

OODAマネジメントの仕組み化と運用

『孫子』の戦略思想

OODAループといえば、第三者からみると行き当たりばったりのように映るかもしれません。おそらく想定外の事態への対処が主であるならば、まさにそのような対応になるでしょう。しかし、ある程度まで安定した事業として確立するためには、行き当たりばったりのOODAループにとどまっていてはいけません。

実は『孫子』で説かれている戦略思想も、「不確実性の想定内化」として解釈することができます。ジュリアンによると、中国思想の特徴を一言で表現すれば、それは「形勢」という言葉に集約されます。[9] つまり、「形」と「勢い」の2つです。

『孫子』の兵法で重視されているのは、まさにこの「勢い」であり、その「勢い」をいかにして生み出し、活用するのかが『孫子』兵法の主眼となっています。したがって、「形」だけをみるのではなく、その「形」から派生する「勢い」をみること、そしてそれを有利な形で利用していくことがポイントなのです。

もし「勢い」が逆境にあるならば、「鳴かぬなら鳴かせてみせよう」というやり方は決して推奨されません。そこで求められるのは「勢い」に逆らうことではなく、それに順応すること、したがって、逆境ならばひたすら耐え忍び、潮目が変わるように働きかけることです。

人はこの「勢い」に直接影響を及ぼすことはできません。可能なのは、「形」を通じて

（9）François Jullien (2004), *A Treatise on Efficacy*, University of Hawaii Press, Honolulu

間接的に「勢い」を刺激することです。

第1章でも述べたように、『孫子』に大きな影響を受けた宮本武蔵は、戦う前に心理的に優位に立つことを戦略的に考えていました。実際に、『孫子』は「心理的な勢い」を重視しています。この「心理的な勢い」を自軍にとって有利な形に展開することで戦闘に伴う不確実性を「想定内化」し、「勝つべくして勝つ」ことを可能にしているのです。

『孫子』の戦略思想に見られるように、ＯＯＤＡマネジメントは、行き当たりばったりのＯＯＤＡループから、「不確実性の想定内化」を実現したＯＯＤＡループへと進化させていくことが必要です。

この「不確実性の想定内化」には、原価低減運動と同じく、これで終わりという最終到達点はありません。それはどこかに到達するための運動ではなく、一定の方向に向かって進化し続ける運動自体なのです。この運動を仕組みとして支えるのがＯＯＤＡマネジメントになります。

ＯＯＤＡマネジメントの定義

このように不確実性といってもそれは自然現象のような外生的なものだけではなく、企業が直面するのはむしろ内生的な不確実性であることのほうが多いと思います。そこで重要なのは、「不確実性の想定内化」を行うことにより、行き当たりばったりのOODAループを可能なかぎり避けるということです。

想定外の事態が生じた場合は、この行き当たりばったりのOODAループを回すのがベストの方法です。そこでPDCAサイクルを回そうとすると、そもそも計画が立てられないためすぐに頓挫することになります。

しかし、不確実性に働きかけ、それを想定内化することで、想定内の対応が可能になります。そのための仕組みを本書ではOODAマネジメントと呼ぶことにしたいと思います。

ここでは「不確実性の想定内化」および「想定内化された（囲い込まれた）不確実性への対処」の2つが重要になります。

後者については、想定内化されているとしても、依然として不確実であることには変わりなく、可能性の範囲が特定されているにすぎません。ピンポイントで天気予報のように発生する可能性

図2-3　対処法の違い

- **想定内化された不確実性への対処**
  ⇒ OODAマネジメント
- **想定外の不確実性への対処**
  ⇒ 行き当たりばったりのOODAループ
- **確実性への対処**
  ⇒ PDCAコントロール

のある事象をリストアップすることはできないのです。しかし、可能性の範囲が特定されている以上、対処可能性を事前に高めておくことができます。

したがって、「想定内化された不確実性への対処」こそが、行き当たりばったりのOODAループと本質的に異なる点であるといえます。以上をまとめると図2-3の対応関係になります。

マネジャーの役割

マネジメントは仕組みとしてとらえることができるということをいままで指摘してきました。その場合、マネジャーの役割とは、次の2つから構成されます。

・**仕組み化を推進していくこと**
・**既存の仕組みのなかで業務を運用していくこと**

「不確実性の想定内化」とは、仕組み化によってその不確実性を削減し、領域によってはコントロールを可能にすること、少なくとも「想定内の対処可能性を高める」ことを意味します。

この仕組み化は決して終わることのないプロセスになります。ただし、プロセスを頻繁に変更することは決して望ましいことではありません。

直面する不確実性の想定内化は、一度、それに対処する仕組み化が終われば、ある程度の期間はその仕組みのなかで業務を遂行していくことが求められます。というのは、頻繁な組織、プロセスの変更は現場に混乱をきたすことになるからです。

また、頻繁な変更は、特定のプロセスのなかでの学習成果を棄却することにもつながります。したがって、通常のマネジメントの役割は、「仕組み化」というよりも「仕組みのなかでの運用」ということになります。

しかしながら、本書では前者の「仕組み化」に着目したいと思います。なぜならば、OODAマネジメントの「仕組み化」はまだまだ多くの企業では普及・浸透していないからです。本書で取り上げたいOODAマネジメントの「仕組み化」は、OODAループのなかでもボイドが重視した、観察（Observe）、情勢判断（Orient）、行動（Act）に関する「仕組み化」です。すなわち、

・観察の仕組み化（第3章）

・情勢判断の仕組み化（第4章）
・行動の仕組み化（第5章）

となります。これらについては、次章以降で検討していくことにします。

実質的な決裁権を現場に与えるミッション経営

これらの仕組み化に並行して、既存の仕組みのなかで日常業務を運用していく必要があります。この運用のなかで「原則処理」がコントロール、「例外処理」がマネジメントの仕事になります。「例外処理」とは、原則、ルール、マニュアルによっては処理することができない案件に対処することです。

その意味では、不確実性に対応していることになります。ハイアラーキーが意味するのは、下位の層で対応できない問題を上位のポジションにあるものが担当するということです。つまり、下位のポジションは原則処理、上位のポジションは例外処理となります。

ただし、例外処理というのも実は相対的なものであり、さらに上位者の立場からすれば、その部下の業務は原則処理となります。

たとえば、営業マンが自分の一存で決めることができないものは上司である営業課長の決裁に委ねることになります。この場合、営業課長は例外処理をしていることになりますが、営業部長の立場からすると、それは原則処理であり、営業部長にとっては例外処理の対象ではありません。担当課長が対処できる問題であれば、部長職の立場の者からすればそれは例外事項ではないのです。

最終的にはこのハイアラーキーはトップに行きつくことになります。しかし、トップが実質的な決裁権者であるという場合は、大企業ではあまり多くありません。稟議によってトップの決裁印が必要だったとしても、実は担当部長で実質的に決まっており、それより上位の管理者は、ただ儀式として押印しているだけということも少なくありません。

OODAマネジメントでは、OODAループに実際に関与しているメンバーと、それに直接関与せずに外から管理している管理者に分けることができます。実質的な決裁権は、後者の管理者ではなく、前者のOODAループに携わっているメンバーのなかのリーダーに与えられることになります。

つまり、例外処理は当事者が行い、上位者はそれに関与しないという点で、通常のハイアラーキーと異なる点があります。これを本書では、「ミッション経営」と呼ぶことにします。

ミッション経営とは、ミッション型命令から構成されます。通常の業務命令は、タスク型命令（行動内容を規定する命令）となるのに対し、ＯＯＤＡではミッション型命令となります。つまり、達成すべき成果やその期限については事前に合意するものの、それを達成するために何をすべきなのかについては、現場に一任するということです。

しかし、これは簡単なように見えて実は難しいことです。たとえば、研究開発所長から、3年間、総額で数億円の予算を与えるから、その間に好きな研究をしなさい、というミッションを受けた技術者の話を聞いたことがあります。もちろん、好きな研究といっても成果を出すことは求められています。この研究開発所長は、3年間口を出さないと約束しつつ、3カ月ほどで成果が出たかどうか尋ねてきたそうです。

半年経過するとそれなりの成果が出たのですが、残念ながらそれはうまくいきませんでした。すると、研究開発所長は、現場で陣頭指揮を執り出し、細かいところまで指示を出すようになり、現場は大いに混乱したということです。

これはミッション型命令ではなく、タスク型命令であり、結局のところＯＯＤＡではなくＰＤＣＡを回すことに実質的に変質してしまった例になります。

タスク型命令に慣れている管理者は、ミッション型命令のように「待つ」ことが難しくなります。そもそもかれらは部下をそこまで信頼しきれていないことが多いように感じられます。

ミッション型命令の重要性を指摘してよく出される反論は、「部下がそこまで育っていない」という意見です。しかし、いつまでも仕事を任さないからこそ、部下が育たないという事実に気づかなければなりません。これではいつまで経っても部下が育つことなく、管理者は現場介入し続けなければならないことになります。

したがって、ミッション型命令に終始し、タスク型命令による現場介入を踏みとどまるためには、権限委譲が十分に行われていなければなりません。言い換えると、「ミッション契約」といったものが必要になります。

これは上司と部下との間の一種の契約を意味します。部下は、所定の期日までにミッションを完遂する義務を負うと同時に、上司は部下にその完遂に必要な資源（ヒト、モノ、カネ）を提供します。十分な資源を提供しさえすれば、上司は現場には介入しないことになります。ミッション達成は、部下の裁量に一任されます。

事例　トヨタのチーフエンジニア制度

このようなミッション経営やミッション型命令の優れた事例として指摘できるのが、トヨタの「チーフエンジニア制度」です。

この制度では、チーフエンジニアと呼ばれる一種のブランドマネジャーが、担当する車種の開発からマーケティングまでを一気通貫で責任をもって管理することになります。

ここで重要なポイントは、チーフエンジニアには権限が与えられていないという点にあります。したがって、命令できる部下はいないことになります。基本的にかれらが行うのは、「依頼」です。自分の望む方向に人を動かすためには、部下を説得しなければなりません。

この制度はいわゆるツーボス・システムと呼ばれるもので、部下にとって上司はチーフエンジニアと機能別管理者の2人が存在することになります。企業によっては、部下は機能別管理者の命令を優先し、チーフエンジニアの依頼には面従腹背し、効率よく物事が進展していかないということが生じることも多々あるのではないかと思われます。

では、そもそもなぜチーフエンジニアに権限が与えられていないのでしょうか。実は、かつてトヨタではチーフエンジニアに権限が与えられている時期があったようです。しかし、撤廃されたのは、それが機能しなかったからです。

権限をもたせないのは、関係者へのヒアリングおよび推測を交えれば、権限をもったチーフエンジニアによる現場介入を防止するという意味があるように思われます。

自動車の部品点数は、通常の製品と比べても膨大な数となります。いかにチーフエンジニアが優秀であったとしても、それら一つひとつの要素技術、部品に精通しているわけではありません。開発現場では、技術を知らない上司が現場介入すれば混乱に拍車をかけることになります。

したがって、チーフエンジニアによるタスク型命令を防止し、ミッション型命令に終始させるために権限をもたせていないと解釈することができるのではないでしょうか。

しかし、権限をもたせないというだけでは、この制度はうまく機能しません。多くの企業がトヨタのチーフエンジニア制度を模倣しようとし成功しないのは別の要因があるからです。

私はかつて、同社の元チーフエンジニアの方にこの点について質問したことがあります。その方の回答は、「リスペクト」（尊敬）ということでした。つまり、チーフエンジニアが組織のなかで尊敬されていることが求められるということです。

リスペクトがあると、命令上対立する機能別管理者がいたとしても、「あいつが言うのだったら今回は泣いておこう」というように協力を得ることが容易になります。その結果、あたかも権限があるかのような効果を発揮することができるのです。

トヨタの場合、チーフエンジニア制度には長い歴史と実績があり、社内でも高く評価されています。そのことがリスペクトを生み出し、権限のないチーフエンジニアが機能するための土壌となっているのです。

したがって、OODAループを回すためのマネジメントの条件としてここで指摘できるのは、次の3点になります。

①ミッション型命令の遵守

②上司・部下との間の信頼関係

③管理者に対するリスペクト

これらの条件が満たされたうえで、OODAループは現場の関係者に一任されることになります。このようなミッション経営こそが、既存の仕組みの下での業務の運用というマネジメントにとって最も重要なものになるのです。

管理者のPDCAで現場のOODAを支援

OODAとPDCAの相違点

このように不確実性を想定内化していくマネジメントとは、行き当たりばったりのOODAループではなく、体系的、組織的なOODAマネジメントを実施するために環境を整備し、そのうえで、仕組み化、およびミッション経営を実施していくことになります。

それでは、これらのマネジメントは、PDCAサイクルとどのようにかかわってくるのでしょうか。

ここでOODAとPDCAとの相違を指摘することにしたいと思います。その主な相違は、表2―1にまとめられています。

まず両者の大きな違いは、すでに述べたように、不確実性の有無となります。

PDCAでは、計画を策定するために、不確実性が低い水準であることが求められます。つまり、反復的、定型的業務である必要があります。これらはコントロールの対象でもあります。

一方、ＯＯＤＡがその真価を発揮するのは、不確実性が高い創発的、非定型的業務の場合になります。

仮に定型的業務であっても、サービス、接客などでは、ＯＯＤＡが有効になるケースもあります。応対する顧客に応じて臨機応変の対応が求められるからです。マニュアル通りにしか対応できなければ、顧客満足度を高めることにはつながりません。

また、ＰＤＣＡは計画から始めるため、予測データを扱うのに対し、ＯＯＤＡは事実を観察するところが出発点となるため、事実データを中心に扱うことになります。そもそも不確実性の高いなかでは、予測はあまり当てになりません。

したがって、ＰＤＣＡは予測データに依拠した事前対応が中心となるのに対し、ＯＯＤＡでは事後対応が主となります。しかも素早い事後対応が求められるた

表2-1　PDCAサイクルとOODAループの体系的な比較

	PDCAサイクル	OODAループ
不確実性	低い	高い
命令のタイプ	タスク型命令	ミッション型命令
タスク	反復的	創発的
対応の重点	事前対応	事後対応
データ	予測データ	事実データ
専門性・特殊性の要求	低	高
行動に関する判断	上位判断	現場判断

め、上位判断ではなく現場判断がポイントとなります。一方、ＰＤＣＡでは上位判断が重視されます。

そのため、前述のように、命令のタイプも、ＰＤＣＡではタスク型命令となるのに対し、ＯＯＤＡではミッション型命令となります。つまり、達成すべき成果やその期限については事前に合意するものの、それを達成するために何をすべきなのかについては、現場に一任することになるのです。

したがって、ＯＯＤＡプロジェクトを統括する管理者の仕事は、まさにＰＤＣＡを回すことになります。ここでいうＰＤＣＡの計画（Plan）とはミッションのことを指します。実行（Do）はＯＯＤＡループを回すことであり、チェック（Check）はミッション達成後のレビューとなります。是正行動（Action）は、そのチェックを受けて、さらに追加でＯＯＤＡを回していくことを指します。

その意味では、ミッション・レベルではＰＤＣＡサイクル、現場レベルではＯＯＤＡループという棲み分けができるでしょう。

この場合、不確実性の程度がそこまで高くなければ、単一のＯＯＤＡを回していたとしても、ある程度安定的な結果が期待されます。しかし、不確実性が高くなるに従い、単一のＯＯＤＡに依拠するのではなく、その数を増やしたほうがマクロレベルで安定的な

ＰＤＣＡになるでしょう。

ミクロの多様性はマクロの安定性をもたらす

組織のなかで多くのグループがＯＯＤＡループを同時並行的に回しているとすれば、それらを集計すると大数の法則が適用され、ある程度その成果について予測することが可能になります。

たとえば、研究所で複数の研究プロジェクトを同時に走らせていたとしましょう。平均的なプロジェクトの成功率が５％とすれば、１００のプロジェクトを実施すれば、５つくらいの成功案件が期待されます。換言すると、ミクロレベルで不確実性があったとしても、マクロレベルでは不確実性は削減されるということです。

イノベーション経済学では、このことを「ミクロの多様性はマクロの安定性をもたらす」という命題で定式化しています。この安定性の下でＰＤＣＡは効率よく回ることになります。

このように、ＰＤＣＡとＯＯＤＡは決して相互に排他的なものではありません。むしろマクロとミクロのループという点では補完的なものといえます。このマクロ・ミクロループを形成するのがＯＯＤＡマネジメントであり、ミッション経営となるのです。

これらの土台のうえで、ミッションに関することだけではなく、予算面でもＰＤＣＡを回すことが必要になります。典型的には、予算サイクルは、予算（Plan）→予算執行（Do）→予算差異分析（Check）→是正行動（Action）というＰＤＣＡとして解釈することができます。

ＯＯＤＡを回すには当然ながら予算が必要です。したがって、ＯＯＤＡを支える予算的側面については、ＰＤＣＡで管理していくことが求められるでしょう。そのためには、不確実性の程度に応じて、「ミクロの多様性」（複数のＯＯＤＡプロジェクト）を導入し、「マクロの安定性」（成果の安定性）を確保しておくことが求められるのです。

このようにＯＯＤＡマネジメントをミクロレベルで実施し、マクロレベルでそれらを統括し、ＰＤＣＡを回すことで現場のＯＯＤＡマネジメントを支援していくということが求められます。

これがＯＯＤＡを導入した企業のあるべき姿といえるでしょう。

第3章

【OODAマネジメントの実践①】

「観察から始める」を仕組み化する

何を観察するのか？

OODAループは「計画」ではなく「観察」から始まります。もちろん、その背景としてミッションが与えられ、ミッション達成のために必要な資源、人材が与えられていなければなりません。そのうえでミッション達成に向けた行動をとっていくことになります。

その際、「何を観察するのか」という点が重要なポイントになります。というのも、不確実性の削減は、情報収集に大きく依存するからです。

ただし、やみくもに手当たり次第、観察することは効率的ではありません。それなら行き当たりばったりのOODAループになってしまいます。『孫子』も形篇、勢篇にて敵ばかりでなく味方の形勢を観察することの重要性を説いています。

OODAマネジメントでは、観察の対象をピンポイントで示すだけではなく、観察に関する仕組み化が決定的に重要になります。軍事の機動戦略でも、特殊部隊が観察を実施する場所は事前に慎重に選定されます。探索の範囲を限定したうえで精鋭部隊を派兵するという仕組みが確立されているのです。

ビジネスの領域では、何を観察するのかを選定する仕組み化が重要になります。この点に関し、本書では次の4点を指摘したいと思います。

①スクリーニング化
②焦点化
③起承完結化
④ヴァーチャル化

これらの仕組み化により、体系的なＯＯＤＡマネジメントが可能になります。

スクリーニング化──顧客のシグナリング行動の誘発

シグナリングとは？

ノーベル経済学賞を受賞したマイケル・スペンスが提唱したシグナリング理論によると、

情報の非対称性がある状況の下で、情報優位者は、「シグナル（合図）」を情報劣位者に送ることで、自分の優位性をアピールすることができます。これを「シグナリング」と呼びます。

たとえば、シグナルの典型的な事例として学歴をあげることができます。就職希望者と採用担当者との間には、就職希望者の能力について情報の非対称性が存在します。

就職希望者は自分の能力の高さに自信をもっていたとしても、相手はそれを安易に信用することはできません。口では何とでも言えるからです。これをチープトークと言います。つまり、能力の高さを証明するために何らかのコストをかけた「証拠」を提示しなければ、それはチープ（コストをかけていない）なトークにすぎず、採用担当者を説得することはできません。そして、その証拠として使えるのが「学歴」なのです。

たとえば、MBA（経営学修士号）という学位をビジネススクールで取得することができます。米国の場合、MBAを取得すれば、年収が数倍になることも珍しくありません。それは能力の証拠として、MBAという学歴が信用されているからです。

スペンスの理論では、MBAを取得するためにビジネススクールで学んだとしても、その人の能力を高めることとは無関係である、という皮肉ともとれる仮定がおかれています（ちなみに、スペンスはスタンフォード・ビジネススクールの元学長です）。それにもかかわらず、

ＭＢＡを取得することの意義は、自分の能力の高さを証明することができるからです。

ＭＢＡを取得するには高い学費を支払う必要があります。しかも、入学後でも無事卒業できる保証はありません。途中でドロップアウトすれば、その投資が無駄になります。しかし、そもそも能力が高ければ、ドロップアウトすることなく無事卒業することができます。

したがって、能力の高い人は、ＭＢＡの高い学費を支払っても、無事卒業することができるため、問題ありません。能力の低い人は、卒業が難しいため、そもそもＭＢＡに志願することもありません。結果として、ＭＢＡという学位をもつことにより、その人の能力を証明することになるのです。この学位が採用者にとっての「シグナル」となります。採用担当者は、ＭＢＡの学位さえあれば、高い報酬をオファーすることになるのです。

このように、情報優位者は何らかのシグナルを情報劣位者に送るために投資をします。これが「シグナリング」と呼ばれるものです。

この情報優位者のシグナリングを誘発し、それによって情報を引き出すことを「スクリーニング」といいます。不確実性のマネジメントという観点からすると、このスクリーニングの仕組み化を実現していくことが重要になります。たとえば、企業にとっては、潜在顧客に働きかけ、顕在顧客にしていくことが重要な課題になります。

しかし、これはかなり不確実なものであり、誰が潜在顧客であるのか、つまり、誰が自社の顧客になってくれそうな人なのかを事前に見極めるのはかなり困難です。結果として、日本では手当たり次第の訪問販売、飛び込み営業などをするしかないということになりがちです。

本来、潜在顧客を顕在化するのは営業ではなくマーケティングの仕事になります。それを営業で行おうとするため、このような非効率な仕事となり、営業のイメージが悪くなってしまうのです。

では、マーケティングの仕事とした場合、どのようなアプローチになるのでしょうか。一つの方法は、「潜在顧客のシグナリング行動を誘発する」というスクリーニングの仕組み化です。具体的な例をあげてみましょう。

事例　積水ハウスの営業プロセス

住宅販売の場合、訪問販売はほぼ不可能に近いものになります。数千万のお金がかかる住宅販売をアポなしで突然訪問したとしても、それで成約に至る可能性はほぼゼロといってもいいでしょう。

この場合、潜在顧客を顕在化する試みとして、積水ハウスの営業プロセスの事例を指摘することができます。

石井淳蔵によると、積水ハウスの営業プロセスは、「展示場」→「データベース」→「納得工房」という段階を踏むことになります[10]。

まず住宅展示場ではモデルハウスが展示されています。家を建てることを考えている潜在的な顧客は、カタログだけでハウスメーカーに注文を出すことはありません。まずは展示場に行って実際に住宅の中に入り、間取りやキッチンの設備、水回り、断熱性、耐震性、防音性など住宅に関わることについて担当者から説明を受けます。

一通りの見学が終われば、担当者からアンケートへの記入が求められます。アンケート結果はデータベースに入力されます。本気で住宅が欲しいと思う潜在顧客は、複数の展示場を回るそうです[11]。

このような見学者がデータベースで識別されれば、営業部隊から次の段階の納得工房

（10）石井淳蔵『営業をマネジメントする』（岩波現代文庫、２０１２年）
（11）前掲書

へと訪問するように働きかける仕組みになっています。納得工房は、京都にある積水ハウスの研究所のことで、そこでは潜在顧客にキッチンやバスタブ、階段の高さなど、いろんなスペックや仕様を体験してもらい、文字通り「納得」してもらう場になっています。この段階に至って初めて営業マンは具体的な商談に入るようになるのです。

このような展示場→データベース→納得工房という仕組みは、潜在顧客をあぶり出すための仕掛けになっています。本当に住宅を購入したいと真剣に考えている潜在顧客であれば、それは大きな買い物になるため、事前に慎重に検討することを厭わないでしょう。

複数の住宅展示場を回ったり、遠方の納得工房にわざわざ出かけるには、それなりの時間とコストがかかります。しかし、住宅は大きな買い物になるため、その程度の支出は喜んで負担することになります。

一方、いまは住宅を買うつもりはないけれども、将来的に購入する際の参考にしようという潜在顧客の場合は、そこまでコミットメントすることはないでしょう。つまり、このような営業の手順に従って潜在顧客が自己選抜していくプロセスは、「シグナリング行動」と解釈することができます。

冷やかし客は、そもそも納得工房を訪問しようとしないでしょう。したがって、納得工房を訪ねた見学者が住宅を実際に購入する可能性は、かなり高いものと考えられるのです。つまり、このようなスクリーニングの仕組みによって潜在顧客のシグナリング行動を誘発し、かれらに対する不確実性を削減し、営業の効率化を達成することができるのです。

事例　3Mのカスタマーテクニカルセンター

マーケティングや営業だけでなく、この「スクリーニング」は技術・製品開発の領域でも有効です。たとえば、3Mのカスタマーテクニカルセンターの例をみてみることにしましょう。このセンターは、ニーズとシーズのマッチングを行う仕掛けとして1997年に住友スリーエムで初めて設立されたものです。

3Mの基盤技術は、テクノロジープラットフォームと呼ばれており、45程度の数があります（この数はほぼ毎年変動しています）。センターでは、このテクノロジープラットフォームを「見える化」し、そのなかでも2割程度の8つのテクノロジープラットフォームを説明すると、3Mの全体の技術的な能力が理解できるという仕組みになっています。相模原市にあるこのセンターに潜在顧客がわざわざ訪問するのは、自社の課題を明確に認識しており、その課題が3Mの技術を活用することで解決できることを期待しているからです。つまり、それは、潜在顧客によるシグナリング行動になります。

それと同時に、その課題と関係ないテクノロジープラットフォームに出合ったときに、「あ、使えるのではないか」と言う人が出てきます。というのは、潜在的に課題を持っていて、その課題を解決できそうなものを見たときに、その潜在的課題が意識化されることがしばしば起こり得るからです。

このように切実な課題をもつ潜在顧客を誘引し、来場した潜在顧客は多様な技術に触れ、担当する3Mのエンジニアとともに議論を行うことで、シーズとニーズのマッチングが行われていくようになっているのです。

実際、このセンターが設立されてから5年後には、その成果に注目した同社のトップマネジメントが、グローバルに展開するように指示し、現在では25カ国にまで広がっています。

通常、ニーズとシーズをマッチングするのには、大変なエネルギーが必要となります。技術者が手当たり次第に顧客を訪問するのは効率的ではありません。このようなニーズとシーズのマッチングの不確実性を、カスタマーテクニカルセンターという仕掛けを通じて削減することができているのです。

つまり、潜在ニーズをもつ顧客をスクリーニングすることにより、シグナルを送った相手にエンジニアがピンポイントで働きかけることで、効率のよいニーズの顕在化、シーズとのマッチングが可能になっているのです。

焦点化――観察対象の選択と領域の限定

開発情報と営業情報

このようにシグナリングを誘発するスクリーニングの仕組みがあれば、観察や情報収集はかなり効率的なものになります。しかし、いつもこのようなスクリーニングが可能なわけではありません。相手から情報を明らかにしてもらえない場合、今度はこちらから働きかけて情報を獲得していく必要があります。その際、どの部分を観察すればよいのかが問題となります。

この点に関し、仕組み化との関連で取り上げたいのが、「焦点化」です。焦点化とは観察する対象を選択するか、その領域を限定するということを意味します。この焦点化の精度が不確実性の削減に大きく影響することになります。

この焦点化の例として、ここでは「開発情報」と「営業情報」という類型を取り上げることにしたいと思います。このなかで開発情報が決定的に重要です。開発情報をつかむことが新製品開発にとって不確実性を大いに削減することにつながるからです。

業界や企業によっては、「開発情報を焦点化する仕組み」が整備されていれば、ヒット商品を連発することが可能になります。というのも、開発情報を把握すれば、勝つべくして勝つということが可能になるからです。つまり、製品を出す前に、その成功がある程度以上の確度をもって知ることができるのです。

事例 キーエンスの高収益の秘密

この開発情報を収集する仕組みを整備している事例として、ここではキーエンスの例を取り上げることにしましょう。

センサーメーカーであるキーエンスは、きわめて高収益であることで有名です。この高い収益性を支える主要な要因の一つが、同社の高い開発力にあります。ヒット商品を数多く開発することで、同業他社が模倣する前に稼いでしまうビジネスモデルなのです。

このキーエンスの高い開発力は、実は、OODAループに支えられています。同社の社内には、調査、企画、開発プロジェクトを一気通貫ですべて兼務する企画立案担当者がいます。かれらがOODAを高速で回すことで、同業他社よりもいち早くヒット商品を生み出し、それによって高収益を生み出すことができているのです。

では、そのOODAとはどのようなものなのでしょうか。ここで重要なのは、やはり観察であり、情勢判断です。

しかし、何を観察するのか、という点でキーエンスは同業他社と異なります。多くの企業は、開発に際して重視するのが、営業から来る情報、いわゆる「営業情報」です。これは、何がだれにどのくらいの頻度でいくら売れたのか、といった営業にかかわる情報です。しかし、この営業情報は開発にはまったく役に立ちません。

キーエンスに対する誤解の一つが、営業部隊が提出するニーズカード（顧客情報の報告書）を通じて高い開発力に結びついているということです。しかし、私が調べたなかでは、実はニーズカードは1000枚あっても使えるのは数枚程度にとどまり、ほとんど役に立たないようです。

同社の強みは、営業情報にあるのではなく、「開発情報」を迅速に収集することができる仕組みを整備している点にあります。

開発情報とは、ある製品が顧客の現場でどのように使用されているのか、その課題、問題点は何なのか、といった具体的な製品の使用状況に関する情報です。このような情報は営業からはなかなか上がってこないものです。

営業担当者は、営業情報については報告義務がありますが、こうした開発情報については、たとえ知っていても報告するインセンティブはありません。大企業であれば、営業は別事業部や別会社であることが多く、開発部門とは隔離されています。忙しいなかで別会社の開発部門に報告したとしても、それが評価されることはほとんどありません。だからこそ、かれらはたとえ開発情報があったとしても、それを伝達しないのです。

キーエンスでは、企画立案担当者が、直接、さまざまなユーザーを訪ね、現場を実際に観察するところから始めます。ここが多くの企業と異なるところです。開発担当者で、実際にユーザーを訪問し、自社製品の使用状況の観察から始める人は少ないのではないでしょうか。そして、現場を観察し、そこで課題、問題点を情勢判断します。これが、新製品開発のネタになるのです。

たとえば、同社のヒット商品「BIOREVO」という蛍光顕微鏡の事例について取り上げてみましょう。

生物学、医学の研究で使用される蛍光顕微鏡は、細胞を特殊な試料で染色し、発した光を観察する顕微鏡のことです。ここで発せられる光は非常に微弱であり、従来の蛍光顕微鏡では、暗室でしか観察することができませんでした。また、顕微鏡を覗いて観察するため、同時に観察することができるのは一人だけでした。これが蛍光顕微鏡の開発情報になります。

このことからわかるのは、明るい場所で多人数が同時に観察できればさらに使用状況は改善されるということです。これが情勢判断に該当します。

そこで顕微鏡自体をケースで覆い、パソコンにつなげば、明るい部屋で複数の人が同時に観察することができるようになります。これが開発情報を受けた企画であり、意思決定になります。

このようにしてBIOREVOという新たな蛍光顕微鏡が開発されたのです。

同業他社がこの蛍光顕微鏡の開発でねらっていたのは、解像度向上、データ保存容量、操作性向上などでした。しかし、これはどこでもやっていることで、それで差別化することは難しかったのです。

キーエンスは、そうした同業他社の開発動向を尻目に、OODAループを通じて、着実に開発情報をつかんでいくことで、独創的なヒット商品を量産しているのです。

キーエンスの関係者にヒアリング調査をすると、かれらは、企画段階で、「勝つべくして勝つ」ことができると言っていました。つまり、同業他社と比べて、開発情報という点で優位に立ち、それに応じた行動（製品開発）を行うことができているため、確実に勝つことができているのです。

キーエンスの強みは、まさに開発情報を中心としてOODAループを回す専属担当者を張り付けている点にあるのです。

このように開発情報を焦点化し、それを収集する仕組みを確立している点にキーエンスの独自の特徴があります。つまり、企画立案担当者がたえず開発情報を求め、見本市や展示会、リードユーザーの現場訪問などを繰り返し、具体的な開発情報を収集しているのです。

このような焦点化の仕組みがキーエンスの高いヒット率、ひいては高収益性に結びついているのです。

起承完結化——業務プロセスを時間軸に沿って分業

業務を完結させることが重要

いままで見てきたトヨタのチーフエンジニア制度やキーエンスの企画立案担当者、あるいは積水ハウスの営業プロセスなどに共通するのは、その業務プロセスが時間軸に沿って分業化されているという点です。これらは、「起承完結」というステップに従った業務プロセス化としてとらえることができます。

「起承転結」という言葉は誰もが聞いたことがあるでしょう。これは、もともとは漢詩の絶句の構成を指しますが、現在では、文章の構成として定着した考え方です。それに対し、ここではあえて「転」ではなく「完」という漢字で置き換えています。この「起承完結」は、営業プロセスや製品開発プロセスとしてとらえることができます。

まず、営業については、積水ハウスの事例のように、住宅展示場への来場を促すためのマーケティング活動が「起」に該当し、来場客を納得工房へと案内することが「承」となります。納得工房で文字通り納得した潜在顧客に対し、商談を開始することが「完」、そして、最終的に契約を交わすことが「結」となります。

ここでなぜ「転」ではなく「完」とするかといえば、目的は起承から来た流れを転じることにあるのではなく、その流れを成約に向けて「完結」させていくことにあるからです。

文章を構成する場合は、起承から来た話題を転じることで読み手に驚き、新鮮さを与え、そのうえで起承と転を合わせて結論へと導くことになります。「転」の部分が物語のヤマとなり、そこが書き手の腕の見せ所になります。小説や随筆は、簡潔に情報提供することではなく、退屈させずに読み手を楽しませることが目的だからです。

しかし、業務においてはこうしたヤマ場は必要ありませんし、それを監督する立場のマネジャーがそのプロセスを退屈せずに楽しむということも不要です。人を魅せることよりも、業務を「完結」させることが重要であるため、「転」ではなく「完」という言葉で置き換えています。

個人営業からチーム営業への転換

営業プロセスの「起承完結化」は、属人的な個人営業から体系的なチーム営業への転換を意味します。

個人営業の段階であれば、そこでは属人的な、場合によっては行き当たりばったりのOODAループが見られることになります。しかし、積水ハウスのようなチーム営業体制が確立されると、潜在顧客に対する不確実性は大幅に削減され、多くの業務はマネジメントからコントロールへと変容します。それでも顧客行動で読めないところがあるため、マネジメントの部分は残ります。

つまり、OODAマネジメントがそこから始まるといえます。この場合、個人レベルでのOODAループから、組織レベルでのOODAループへと転換していく必要があります。

この起承完結化は、多くの場合、分業体制がとられることになります。「起承完結」の各プロセスに別々の担当者が配属され、責任をもつことになります。

積水ハウスの例でいえば、展示場への来場を促すためのマーケティング、展示場での見学者への案内係、複数の展示場来場者に納得工房での体験を勧める営業担当者、納得工房で質問などに応じる技術者、商談・成約を担当する営業担当者、といった分業体制が取られています。

もちろん、起承完結のうち、複数を兼務する場合もありますが、すべてを一人で対応するというのは効率的ではありません。したがって、業務プロセスを起承完結化すれば、必然的に組織的な分業体制が構築されることになり、属人的要素は可能なかぎり排除されることになります。そのうえで組織的なOODAマネジメントが可能になります。

製品開発の領域で特に問題となるのは、「起承」と「完結」の各プロセスで要求される人的能力が大きく異なるという点です。

製品開発で「起承」に当たるのが基礎研究や技術開発になります。本社の研究所や独立したイノベーションセンターなどがこの領域を担当します。そこである程度のスクリーニングをパスして生き残ったアイデアが、「完結」を担当する事業部付研究所等で詳細設計され、生産技術部が量産化を行い、最終的に上市となります。

つまり、何もないところからアイデアを発想し、それを基本設計の形にする「起承」人材と、基本設計を製品・サービスとして上市するまでを担う「完結」人材とでは要求されるスキルや知識が大きく異なるのです。

この問題に対処するためには、やはり分業化が必要になります。与えられた問題を効率的に解き、重箱の隅をつつくのに長《た》けた人材と、問題そのものを新たに提起し、大雑把なレベルではあるけれどもそれを具体化するのに優れた人材とでは、能力、行動特性が異なります。

この点はまた後でより具体的に論じていくことにしますが、ここではこのような異なるスキル・知識を分業によって対処すること、そして、それは具体的には起承完結化によって可能になるという点を指摘しておくにとどめたいと思います。言うまでもなく、OODAマネジメントが特に要求されるのは、前者、すなわち「起承」プロセスにおいてです。

それに加え、この起承完結のプロセスを一気通貫で責任をもつ担当者が張り付く場合もあります。ブランドマネジャーやキーエンスの企画立案担当者、トヨタのチーフエンジニアなどです。すでに見てきたように、チーフエンジニアは、技術開発、製品開発からマーケティングに至るまですべてに責任をもって担当します。かれらにもまた、OODAマネジメントが要求されます。

ただし、チーフエンジニアやブランドマネジャーは、「起承完結化のプロセス分業」が確立したうえで成立する職務であることに注意する必要があります。かれらは業務プロセス全体に対して責任をもちますが、実際の業務を自分でやるわけではありません。各業務は、各々の専門家に委託し、それらを調整する作業が主な業務内容になります。

このような立場にあるマネジャーは、まさにOODAマネジメントを担当しているOODAマネジャーに他ならないのです。

ヴァーチャル化――コンテクストの制約の緩和

久しくとどまる情報

観察の仕組み化として最後に取り上げたいのが、「ヴァーチャル化」です。[12]

ヴァーチャルという言葉は、仮想的とかインターネット上のという意味で使われることが多いと思います。しかし、ここでは時間、場所といったコンテクストの制約を緩和されたもの、すなわち「コンテクスト・フリー」となった情報を「ヴァーチャル」と呼ぶことにします。

したがって、本書では、「ヴァーチャル化」を情報の「コンテクスト・フリー化」と定義することにします。具体的には、情報のもつ時間、場所の制約をなくすものがヴァーチャル化です。

鴨長明の『方丈記』にある有名な書き出し、「ゆく河の流れは絶えずして、しかももとの水にあらず……」は、絶えず変化する現象に言及しています。しかし、この文自体は情報として記録され、現代の私たちも読むことができます。これもヴァーチャル化です。鴨長明の時代やかれがいた山奥にある草庵の場所というコンテクストからフリーとなった情報が、『方丈記』として利用可能になっているのです。つまり、河の「淀みに浮かぶうたかた（泡）」は、「久しくとどまりたるためしなし」なのに対し、ヴァーチャル化された『方丈記』の情報自体は、現代まで「久しくとどまっている」のです。

一方、ヴァーチャル化と逆の動きになっているのが「アクチュアル化」です。[13] これはドゥルーズの発生的認識論で主張されたものですが、ここではこのような哲学的な議論には立ち入らず、情報を「コンテクスト化」していくこと、すなわち、時間や場所といった条件を加え、現実のものにしていくことを意味するものとしましょう。

---

(12) ヴァーチャル化の流れを最初に哲学的に論じたのが、ピエール・レヴィ『ヴァーチャルとは何か？』（米山優訳、昭和堂、２００６年）です。

(13) ヴァーチャルなものがアクチュアル化される運動を論じたものとして、ジル・ドゥルーズ『差異と反復（上・下）』（財津理訳、河出文庫、２００７年）があります。

事例 ウェブ情報のコンテクスト・フリー化

この点で指摘したいのが、すでに紹介したストックマーク社によるAnewsというシステムです。キーワードを設定することで世界中のウェブニュースからテキスト解析し、関連情報を効率よく収集することが可能になります。

ウェブ上の情報は、基本的にはヴァーチャル化された情報になります。たとえば、ある人が話した言葉は、その発話した時点に制約されます。それを記録しておかなければ、発話内容自体は失われてしまいます。その記録も、ノートに書いておくだけでは、そのノートという空間的場所に限定されます。それをネット上に公表することで、時間、空間に制約されることなく閲覧し共有化することが可能になります。
つまり、時間、場所というコンテクストから抜け出す「コンテクスト・フリー化」が可能になります。これがヴァーチャル化です。もちろん、ノートに記録するというのも発話だけの状態と比較すれば、ヴァーチャル化といえます。それをさらに推し進めたのがウェブ上での情報公開です。

ウェブ上に公表されている情報を問題にしているかぎり、それらの原データはすでにヴァーチャル化されています。しかし、個人がネットサーフィンだけで世界中のウェブ情報を体系的に探索することはほぼ不可能でしょう。そういう意味では、必要情報がたとえヴァーチャル化されていたとしても、それを検索できなければ、依然として（ウェブ上の）場所に制約されているといえます。

その制約を取り払うのが、AIによる検索システムであり、それを日々レコメンドとして推奨する機能になります。これはウェブ情報をさらにヴァーチャル化した例としてとらえることができるでしょう。

このようにヴァーチャル化は、これで終わりということはありません。さらなるヴァーチャル化を目指して工夫していくことが求められます。情報の観察だけでなく、シミュレーションや3次元CAD、デジタルモックアップなどは、実物というコンテクストから抜け出し、まさに仮想空間上での操作を可能にします。それによって、時間やコストの制約からもフリーとなります。

OODAマネジメントにおいて、必要な情報を収集し、その意味合いを分析し、将来の方向性を評価する場合、このような「ヴァーチャル化された環境」を整備しておくことがきわめて重要になります。それによって従来ならばOODAループが適用できなかった領域にも踏み込むことが可能になります。

事例 リアルタイムで顧客の声を拾うSNS分析

ヴァーチャル化をさらに理解するために、SNSマーケティングで利用されるSNS分析について取り上げることにしましょう。SNS分析とは、FacebookやTwitter、Instagramなどのソーシャルメディア利用者の声を収集し分析することを指します。

通常、顧客の声を分析するために、マーケティングリサーチやグループインタビュー、消費者モニター調査などが実施されます。しかし、それらは調査対象者の時間と場所に強く制約されます。マーケティングリサーチでは、街頭でのアンケート調査などが用いられますが、それはたまたまそこを通りがかった人が回答するだけであり、場所的、時間的に強く制約されます。グループインタビュー、消費者モニター調査も同様です。場所、時間の制約が大きく、調査対象者の数を増やすことにはコストもかかります。

一方、SNS分析では、SNS上で何かつぶやかれているかぎり、しかるべき分析ツールを使用すれば特定のキーワードをもとに体系的、網羅的な探索が可能になります。つまり、ここでもAnewsのように時間的、空間的、コスト的な制約を取り除いた情報収集を可能にします。

すると、従来のマーケティングリサーチの手法を活用する場合と比べ、より迅速かつ柔軟な対応が可能になります。たとえば、テレビCMに対する反応を調査し、そのコメントを通じてコマーシャルのバリエーションを変えたり、現行価格に対する反応を見ることにより、消費者にとって適切な価格水準を見出し、それに変更することが可能になります。

つまり、SNSユーザーのつぶやきを日々調査することにより、日次ベースでマーケティング活動の調整ができるようになるのです。

このことは消費財において特に重要であるといえます。産業財の場合は、顧客は企業などの法人であり、顧客の声や要望を収集するのは比較的容易です。しかし、消費財の場合は、個々の一般消費者が対象となるため、その声を拾うのは難しいものとなります。

SNS分析を使えば、その対象がSNSユーザーに限定されるという制約はあるものの、そのなかでの声をリアルタイムベースで拾うことができます。それによって、OODAループによる機動戦略を実行していくことが可能になるのです。

第1章で紹介したオレオのツイートなどは、このSNSマーケティングをOODAループで実行した好例ということができるでしょう。

ヴァーチャル化とアクチュアル化の同時行動

このようにAIやSNS分析を通じて、従来ならば空間的、時間的、コスト的に強く制約されていた顧客情報をより体系的、網羅的に収集し、コンテクスト・フリー化することで、それらの情報の可視化を高めていくことができます。

このようなヴァーチャル化の仕組みは、OODAループを回すうえできわめて重要なものとなります。というのは、観察の精度は、こうしたヴァーチャル化の環境に強く依存するからです。

OODAが実践されている特殊部隊などでも、個々のメンバーは情報武装し、状況に応じてヴァーチャル化された情報を司令部や他のメンバーとやり取りをしつつ作戦を実行していきます。

現在の高度な機動戦略は、情報のヴァーチャル化がなければ決して実行することはできないものになっています。同様に、ビジネスの領域でも、ヴァーチャル化は必須の要件になりつつあります。

ただし、ヴァーチャル化自体が目的ではなく、コンテクスト・フリーとなった情報を操作し、最終的には特定のコンテクストのなかにはめ込んでいく必要があります。つまり、情報の「コンテクスト化」であり、「アクチュアル化」です。

したがって、「コンテクスト・フリー化」と「コンテクスト化」は車の両輪のようなものであり、どちらか一方に偏ると効果的なＯＯＤＡマネジメントはできなくなります。ヴァーチャル化しつつ、それと同時並行的にアクチュアル化し、行動に移していくことが求められます。

ＯＯＤＡとは、このヴァーチャル化とアクチュアル化の2つの同時並行的な運動プロセスとして捉えなおすこともできるでしょう。

これはボイドやリチャーズの著書にはなかった論点ですが、ビジネスの領域では重要な視点であると思います。ＩＣＴやＡＩなどの効率的な活用は、意思決定の質を高め、迅速な行動、実行を可能にするからです。

環境変化が激しい業界では、その変化のスピードについていくためには、組織自体のオペレーション・サイクルをスピードアップしていくことが求められます。つまり、ＯＯＤ

Aの高速回転が求められるのです。

それは、組織や人材だけの問題ではなく、そのインフラ部分である仕組み、特に、ヴァーチャル化の仕組みが整備されていることが決定的に重要になるのです。

第4章

【OODAマネジメントの実践②】

「直観で判断する」を仕組み化する

現場を混乱させるPDCAの呪縛

事件は現場で起きているんだ！

「下士官は一流だったが、将校がダメだった」

これは、日本軍に対する戦後の一般的な評価です。軍事にかぎらず企業経営でも、現場では問題が山積しています。しかし、本社にはそうした情報が届くことはほとんどありません。

それでも平時であれば現場の下士官なり中間管理職が優秀であれば組織は機能します。この場合、上司の仕事といえば、「あの件どうなっている？」と質問するだけで、具体的な指示をする必要がないからです。聞かれた部下は、「なんとかやっています」と答え、「しっかりやってくれ」と返すだけで、現場が優秀ならそれで回るのです。

しかし、想定外の緊急事態に直面した場合、「なんとかやっています」とは答えられません。すると無能な上司が現場介入し、現場は大混乱となります。大ヒットした刑事ドラマのように、「事件は会議室で起きているんじゃない、現場で起きているんだ！」と叫びたくなる現場の人たちは少なくないのではないでしょうか。

なぜこのようなことが生じるのでしょうか。失点主義のなかでは都合の悪い事実は隠される傾向にあるとかさまざまな理由が考えられます。そのなかでも、おそらく、ＰＤＣＡサイクルの呪縛が大きいのではないでしょうか。

このＰＤＣＡの弊害は、不確実性が増すにつれて深刻化していきます。というのも、不確実ななかではそもそも出発点の計画を立てることができなくなるからです。しかし、ＰＤＣＡが制度化していれば、計画を立てないわけにはいきません。そのため、多くの企業では、計画策定に半年ほどの時間を費やし、資料作成に追われることになります。

おそらく本社のスタッフ業務を行っている方々で、資料作成以外の作業時間は圧倒的に少ないのではないでしょうか。しかし、その「資料づくり」がどのくらいの価値をもたらしているでしょうか。

かつて、ある会社の本社管理部門の生産性を測定したことがありました。その部署では、年に2冊の分厚い報告書を作っており、金額に換算すると、1冊５００万円ほどになっていました。一方、同社の主力製品は1個当たり数百円でした。それを現場の営業マンは一生懸命売り、工場では原価低減に苦労しながらつくっていたのです。

ＰＤＣＡの計画は、こうした資料づくりの作業を増やしていきます。特に、そのようにして作成された計画書をトップや役員に報告しなければならない場合、その作業はさらに大変なものになります。しかし、そのように苦労してつくられた報告書は、ほとんど価値を生み出していないのが実情でしょう。

たとえば、経営企画がトップに報告する経営計画なるものは、各事業部から報告された予算を足し合わせたものにすぎず、たとえば、不振事業があったとしても、その原因を特定し、対策を講じたものになっていないのがほとんどです。したがって「事件は現場で起こっている」にもかかわらず、「会議室で現状維持を確認している」にすぎないのです。

多くの企業では、稟議を通すことに大半のエネルギーを浪費し、実践にはあまり多くの労力が向けられていないのが実情でしょう。特に、役員会で稟議を通すには本当に多くのエネルギーが必要となります。

なぜそこまで稟議に力を注ぐのでしょうか。それは、日本では本社やスタッフ部門を上とみなし、現場を見下す傾向が強いからだと思います。

昔、トヨタでは製造現場を支える職長を非常に尊重しており、職長を集めた忘年会に出席した役員は、職長の勧める酒は必ず飲み干さなければならない、という話を聞いたことがあります（いまではさすがにそんなことはないでしょうが）。このように現場を尊重し、現場を支援するトップがいる会社は強いのです。

別の言い方をすれば、「知識か智慧か」どちらを重視するのかということです。現場で重要なのは智慧です。出世で重視されるのは知識です。知識で智慧を制御しようとするところに問題の元凶があります。

ＰＤＣＡは、それが「資料づくり」で回されているかぎり、知識でもって智慧を逼塞させていることになるのです。

死屍累々の失敗の積み重ねが智慧になる

「智慧は知識ではない。この2つを混同してはならない。智慧は知識を正しく用いることである」

これは、スポルジョン牧師の言葉です。言い換えると、知識をいくら集積しても、それは智慧にはつながらないということです。現場と遊離したところで高踏的に知識を振りかざし、資料づくりを一生懸命やったとしても、それは智慧ではありません。

智慧とは、正しく知識を使い、それによって価値を生み出すことです。知識を学ぶなというのではありません。むしろ、多くの知識を学ぶことは良いことです。しかし、それを現場で活用しないかぎり、それは単なる教養にすぎません。

正しい知識の使い方である智慧を得るためには、現場でのOODAループによる死屍累々の失敗の積み重ねが重要になるのです。

そのためには、私たちは失敗に対する見方を根本的に変える必要があります。もちろん、闇雲に失敗することは避けるべきです。しかし、ミッション達成という軸がブレないかぎり、「致命的でない失敗」は奨励すべきです。

哲学者、カール・ポパーが言うように、「私たちは誤りを通じてのみ学習し、成長することができる」のです。そのためには、不可逆的でない、可逆的な失敗を積み重ね、それらを排除していくことが肝要です。

ノーベル化学賞を受賞された根岸英一が、かつてテレビ番組のなかで科学的発見に至るプロセスを説明されていました。発見はまずこういう発見がしたいという願望が出発点となります。次に、その願望を達成するための作戦を練り、作戦を決めれば、それに沿う方向で系統的探究を行います。

この系統的探究が一番の難所であり、まさに死屍累々、失敗の連続になります。そこであきらめるのか、あるいは作戦を練り直すのか、このまま続けるのか。それを決定するには、知識、アイデア、判断が要求されます。

これらの困難に直面しつつ継続して初めて「幸運な発見」が得られます。つまり、発見は運に大きく依存しますが、その運の背後には「作戦」と「系統的探究」の裏付けが必要になります。パスツールの言うように、「幸運は準備された心に宿る」のです。

この系統的探究は、必ずしもＰＤＣＡのように計画的には進展しません。おそらくほとんどが失敗の連続になるでしょう。ここで重要なのは、実験結果の「観察」であり、その結果の解釈、すなわち「情勢判断」です。それによって次の実験の方針を立て（決定）、再び実験を行う（行動）ことになります。

これはまさにＯＯＤＡそのものです。こうしたＯＯＤＡの無数の繰り返しが、幸運な発見の必要条件になるのです。

経験豊富な野戦指揮官の判断の95％が直観

この幸運な発見の背後にあるＯＯＤＡの繰り返しのなかで、特に重要なのは「情勢判断」になります。この情勢判断では、ビジネス書などで喧伝されることが多い分析思考やロジカルシンキングは必ずしも有効ではありません。

たとえば、ゲーリー・クラインの研究では、不確実で急激に変化する状況のなかで素早く行動しなければならない消防士などの職業の人たちを調査し、かれらが直観的に判断して即座に行動した場合、最善のパフォーマンスを示すことが明らかになりました。[14]

キャリアを歩み出したばかりの陸軍下士官の場合には、直観的判断による意思決定の割合は、全体の40％をやや上回る程度でした。他方、経験を積んだ戦場での野戦指揮官は、決断の95％以上を直観的判断にまかせていたことが明らかになったのです。この直観的判断は、現実世界に働きかけていく際には特に重要であり、クラインはそれを主要な「力の源泉」の一つだと主張しています。

実際、現実には、ビジネススクールで教えられているような分析ツールやコンサルティング会社が用意する数百ページのプレゼン資料で意思決定を下すことはほとんど皆無ではないでしょうか。これらの手法は、いわばベイビーアナリシスであり、直観的判断ができない素人のために用意されたものにすぎないといっては言い過ぎでしょうか。

もちろん、直観も間違うことがあるため、分析自体を決して軽視してはいけません。けれども、ＯＯＤＡループの適用場面にかぎっていえば、間違いのない決断を意図するあまり、行動が遅れることがあっては本末転倒です。

間違うことによる時間のロスと、時間がかかっても間違わないことのどちらを優先するかといえば前者になります。特に、ボイドが想定していた機動戦では、素早い判断・行動こそが生死を握ることになります。失敗を奨励するわけではありませんが、失敗よりもスピードが重視されることになります。

実際、科学的発見のプロセスだけにとどまらず、企業の開発現場などだと、失敗が日常であり、成功こそが非日常体験になります。

米国の有力ＩＴ企業にプログラマーとして勤務している私の友人は、プログラマーで一流と二流を分けるのは「体験する失敗の多さ」にあると指摘していました。

プログラミング業務とは、失敗、すなわちバグとの闘いです。つまり、バグを取り除くデバッグが主な作業内容になります。二流のプログラマーは、10回の失敗であきらめてしまうのに対し、一流のプログラマーは99回の失敗の後、１００回目で成功すると語っていました。99回の失敗に耐え続け、それでもなお前進できる者こそが一流なのです。

したがって、ＯＯＤＡを運用していく際には、失敗を恐れて時間をロスすることよりも、多くの失敗を重ねて素早く学んでいくことのほうが重要になります。

換言すると、多くの実験を積み重ねることです。実験結果を受けて、次にどのように動くのかは、直観的に判断することになります。

---

(14) ゲーリー・クライン『決断の法則』(佐藤洋一監訳、トッパン、１９９８年)

確かに新人の段階では分析なり上司・先輩の助言が必要かもしれません。しかし、熟達していくに従い、分析ではなく直観的判断によりＯＯＤＡをより高速で回していくことが可能になります。

そこでは、時間のかかる文書化、形式知化、分析はあまり重視されません。それらは、ある程度結果が出てから準備される事後正当化のための資料であるにすぎません。

直観的判断能力を向上させる思考法

アリエティの創造のプロセス

では、この直観的判断能力はいかにして向上させることができるのでしょうか。

過去、哲学の領域では、直観という認識能力を重視する流れがありました。たとえば、ベルクソンの「純粋持続」や、その影響を受けた西田幾多郎による「行為的直観」などです。しかし、かれらの著書のなかで、直観について触れているものの、その能力をいかにして向上させるのかについては一切言及されていません。そのため、実践的な面に関心のある読者には、これらの思弁的哲学はほとんど参考にならないといっていいでしょう。哲学ではなく、心理学の領域でこの問題に興味深い視点を提供しているのが、シルヴァーノ・アリエティです。かれは、創造のプロセスとして4段階の認知プロセスを提示しています。[15]

第1段階：内概念（endocept）
第2段階：イメージ形成
第3段階：原初的認識
第4段階：概念的認識

内概念とは、アリエティが独自に提唱したもので、表象を伴わない形のない認識のこと

（15）シルヴァーノ・アリエティ『創造力』（加藤正明・清水博之訳、新曜社、1980年）。ただし、アリエティは、イメージ形成を内概念の前段階として位置付けていますが、ここでは内概念がイメージ形成を経て具体化されることを想定しており、かれの議論とはこの点で異なる点は明記しておきます。

です。言い換えると、非言語的・無意識的・前意識的認識のことです。アリエティは精神分析家であるため、無意識を重視しています。この無意識が顕在化されることで創造が成立することが多いと述べています。この内概念は暗黙知と言い換えてもいいでしょう。

しかし、アリエティのモデルでは、暗黙知である内概念がそのまま形式知化されると述べているのではなく、形式知との間に、①イメージ形成（一次過程）、②原初的認識（二次過程）、③概念的認識（三次過程）という3つの認知プロセスを想定しています。[16]

このことによって、暗黙知の形式知化や直観、洞察など、内概念が抽象化され具体化されるプロセスをより具体的に特定している点が面白いと思います。この点についてさらに詳しく見ていくことにしましょう。

偉大な数学者は数式を頭に浮かべない

まずイメージ形成に関して、数学者のエッセイのなかで面白い議論があります。フランスの偉大な数学者、ジャック・アダマールは、自らの数学的研究を振り返り、数学の問題を考えているとき、一切数式を頭に浮かべることなく、ぼんやりとしたイメージ思考をしていることに気が付きました。

これは自分だけなのか、他の数学者も同様なのかを調べるため、当時の世界的な数学者や理論物理学者を対象にアンケート調査を実施したところ、１人の数学者を除き、全員が数式などは一切使わずに数学や物理の問題を考えていたということが判明したのです。[17]

そのイメージとは、人によっては箱庭であったり、シェークスピアの登場人物であったりしました。ここは千差万別でしたが、イメージという点では共通していたのです。

かれらは数式なしでイメージ思考を行い、形成されたイメージをもとにアイデアを得ていました。数式を用いるのは、得られたアイデアが正しいかどうかをチェックするためだけだったのです。

これが意味するところは何でしょうか。おそらく、言語や数式という記号表現（ソシュールの言葉を使えば「シニフィアン」）は、その対象とする意味、すなわち記号内容（シニフィエ）とセットになって効率的に働くということです。

日常の思考であればそれで問題はないでしょう。問題がないどころか、そのほうが効率

(16) アリエティ自身は、イメージ形成を一次過程としているのではなく、内概念を一次過程としています。しかし、形のない認識からイメージを経て原初的認識に至ると考えた方が整合的だと思われますので、本書ではこのように整理しています。
(17) ジャック・アダマール『数学における発明の心理』（伏見康治ほか訳、みすず書房、２００２年）

的に物事を考えることができます。しかし、新たな創造や発見、洞察を生み出すためには、逆に記号は足かせとなります。というのも、創造のためには、記号表現と記号内容の束縛から解放され、自由な組み合わせを検討することが求められるからです。

記号での思考はその制約に強く限定されてしまいます。一方、イメージ思考は記号表現と記号内容の束縛から解放されているため、より自由度の高い思考が可能になります。

イメージの組み合わせでアイデアを考える

アインシュタインは、アダマールのアンケート調査のなかで次のように書き記しています。(18)

「書かれたり話されたりする言語や言葉が私の思考の仕組みのなかで何らかの役割を演じているとは思われません。思考のなかで要素として働いているように思われる精神的実体は、『思いどおりに』再現できて組み合わすことのできるある種の記号と多少とも明白な心像であります。（中略）この組み合わせの働きが創造的思考の本質的特徴のように思われます――それは他人に伝えることのできる言語や他の種類の記号（数式など、筆者注）による論理的構成にかかわる以前のものです」

「先に述べた結合の働きが十分進んで、意のままに再現できるようになった第二の段階になって初めて、通常の言語や他の記号を苦心しながら探し出す必要が出てきます」

この記述からわかるように、創造には多様なイメージを組み合わせ、記号表現と記号内容との束縛から解放され、自由度の高い実験を行うことが必要であることがわかります。このようなイメージ思考を活用することで、創造的なアイデアが得られ、直観にもつながりやすくなるのです。

たとえば、熟達した製造エンジニアは、目をつぶり、工場の音を聴くだけで歩留《ぶど》まり率を言い当てることができるというのはよく聞く話です。この場合は聴覚イメージが使われているのでしょう。長嶋茂雄元巨人軍監督も、松井秀喜を個人指導する際、素振りをさせてその音を聴くだけで、いまの素振りが良いのか悪いのかを指摘していたそうです。これもまた、聴覚イメージ思考の賜物といえるのではないでしょうか。

したがって、直観的判断力を高めるために何が必要かと問われれば、まずは現場でのイメージを大切にし、イメージをもとに考える癖をつけることだと答えることができるでしょう。そのイメージ重視の姿勢が、豊かな内概念、暗黙知を形成していくことにもつなが

(18) 前掲書

るのです。

アインシュタインは中学生のころ、方程式を解くということが理解できませんでした。そのとき親戚の叔父さんから、「森でハンティングをし、捕らえたい獲物が何なのかいまはわからないので、それをとりあえずXと置いてみよう。方程式を解くとは、このXがキツネなのかタヌキなのかを明らかにしていくことだ」と教えられたそうです。この教えによって初めて方程式を解くということの意味が理解できたのです。

アインシュタインは一種の学習障害で、記号そのままで機械的に理解することが苦手だったようです。そのため、このようにイメージ的に考える必要があったのです。

しかし、本当に創造的な人とは、このようなイメージ形成を大事にしている人のように思います。それは、アダマールのアンケート調査の結果が示すところです。一方、創造的ではなく分析的な人は、記号で考えることに習熟しているため、効率はよいが創造的に考えることがどうしても苦手になるのでしょう。

述語論理でアイデアを組み合わせる

このようなイメージ思考によってイメージが練られ、アイデアが得られたとしましょう。

それが筋の良いものであれば、いきなり発見なり発明、創造につながることになるでしょう。しかし現実には、そのような単純なものではなく、多くの試行錯誤の繰り返しとなります。イメージ思考で得られたアイデアが、うまくいく確率のほうが低いものと思われます。

この場合、得られたアイデアをさらに発展させ、その可能性を検証していくには、概念的思考が必要となります。この概念的思考によってイメージ思考で得られたアイデアが形式知として結実することになります。

アリエティは、この概念的思考を、２段階に分類しています。最初の段階が「原初的認識」と呼ばれるものになります。

アリエティによると、すべての創造の過程では必ずこの「原初的認識」が含まれることになります。カール・ユングが重視する「集合的無意識」に由来するものもこの原初的認識に該当します。

しかし、アリエティは、原初的認識がすべて集合的無意識から由来するのかどうかといえば、そうではないと言っています。ユングの場合は、集合的無意識にある元型の内容を発見することが創造に該当しますが、この原初的認識では内容自体よりも、そのロジックに特徴があります。それが、「古論理（paleologic）」と呼ばれるものです。

これは、西田哲学では「述語論理」と言及されているものに対応します。ここでは「古論理」よりも「述語論理」という言葉のほうが普及しているように思われますので、その用語を用いることにします。

この述語論理とは、類似性にもとづく同一化のことを指します。それに対して主語論理とは、まずは主語に該当する主体や事物が存在し、その主語に属する特徴が述語として記述されることになります。

ここでは、同一なものとは主語が一致していることになります。たとえば、ソクラテスと私は人間という包括的な主語では同一ということになります。一方、述語論理とは、述語が一致していればそれを同一化する論理のことを指します。

当然ながらどちらが正しいかといえば、それは主語論理となります。主語論理であれば、

「人間は死ぬ」
「ソクラテスは人間である」
「故に、ソクラテスは死ぬ」

という3段論法が成立します。人間のなかにソクラテスは包摂されるため、人間という

主語に対して成立する述語（この場合では、「死ぬ」ということ）はソクラテスにも適用されます。そのため、「ソクラテスは死ぬ」という結論を導くことができます。

一方、述語論理では、述語の同一性が問われるため、次のような論理が成立します。

「ソクラテスは死ぬ」
「ゴキブリも死ぬ」
「故に、ソクラテスはゴキブリである」

明らかにこれは間違った論理です。論理学では、これを「後件肯定の誤謬」と呼びます。後件とは述語のことを指します。「ＰはＱである」という命題があれば、Ｑという述語だけに着目し、Ｑが成立すればそれはすなわちＰという主語が妥当するという考え方です。認識の正しさという点からすれば、述語論理は否定されるべきでしょう。ただし、古代人はその述語論理を採用していたようです。そのため、アリエティはそれを「古論理」と呼んだのです。

たとえば、アリエティは、ネアンデルタール人が滅亡した原因をこの述語論理にあると推定しています。人類発祥の地アフリカから現在のヨーロッパ地域に来ていたネアンデルタール人は、後から来たクロマニヨン人に接することになります。

クロマニヨン人は、先住民を亡き者にして自分たちの居住地を確保しようと最初から考えていました。クロマニヨン人は、ネアンデルタール人とは異なる主語論理を採用していたのです。

一方、ネアンデルタール人は述語論理をもっており、同じ人形をしているという述語的同一性によってクロマニヨン人を家族や仲間と同一視し、警戒心なく無防備なまま歓待したのです。

その結果、はじめから抹殺するという意志をもって接近してきたクロマニヨン人によって虐殺され、滅亡していったのです。

このことからわかるのは、述語論理は処世術としては適していないということです。その点では主語論理を採用すべきということになります。

しかし、アブダクションと呼ばれる仮説形成では、この述語論理が鍵となるのです。たとえば、他の領域で適用されているアイデア、命題、ルーティン、ベストプラクティスを借りてきて、それを借用することで新たな解決策が得られたという例は少なくありません。シュンペーターの言葉を借りると、イノベーションとは「新結合」であり、この「新結合」を可能にするのは、主語ではなく述語を問題にし、述語が同じなら同一化しようとする思考プロセスがその背後にあるからです。

事例　ソニーの「ウォークマン」開発

新結合で用いられるのは技術、機能、デザインなどであり、それらが適用されている主語が問題なのではありません。述語であるこれらの諸要素を組み合わせるわけですから、ここでは「述語論理」が重要な役割を果たすことになります。

ソニーのウォークマンは、ラジカセ機能とポータブル機能を組み合わせたものです。ラジカセとウォークマンは、主語としては別のものですから、同一ではありません。しかし、ラジカセ機能という述語では共通していることになります。

ポータブル機能についても、ポータブル機能をもっていたもの、たとえば、電卓があったとしましょう（電卓は、カシオミニが出るまではポータブル性はありませんでした）。ウォークマンの開発担当者が仮に電卓を見て、そのポータブル機能を借用したとしましょう。この場合、主語論理では、電卓とウォークマンは別です。

しかし、述語論理では、両者は同一です。このような述語的同一性という観点から、多様な機能を借用し、新結合が行われるのです。

もし、ポータブル性は電卓に属する機能であり、電卓以外にそのポータブル性を追求するのは止めるべきだという考えがあれば、このような新結合は阻害されることになります。

このようにして、ウォークマンは、ラジカセ機能＋ポータブル性、という新結合で生み出されました。


その後、このウォークマンにパソコンのハードディスク機能を組み合わせることでiPodが誕生しました。さらには、このiPodに電話機能を組み合わせてiPhoneが開発されたのです。このような一連のイノベーションの流れは、述語論理の展開として理解することができるでしょう。

アハ体験は無から生じない

この述語論理を展開していくためには、想像力が必要です。というのは日常生活のなかでは、私たちは主語論理に何の疑いもなく浸りきっているからです。

異なる主語を同一化しようとするには、固定観念を打破する必要があります。上で言及したように、記号の束縛から脱する必要があるのです。それを可能にするのがイメージ思考であり、想像力なのです。

隠喩や直喩といったものは、この述語的同一化の試みの一つとしてとらえることができるでしょう。つまり、イメージ思考、述語論理の両者に共通するのは想像力の駆使という側面であり、イメージや述語的同一性の重視という姿勢が、逆に、想像力を最大限に引き出すことにつながっていくものと考えられます。

したがって、直観的判断力を高めていくには、イメージや述語的同一性を重視した思考訓練が必要とされます。すると、主語や記号の呪縛から自由になった思考が生み出すアイデアは、主語論理としては承服できないようなものになっていることが多いでしょう。その段階に至って次の「概念的認識」が要求されるのです。

第１段階：内概念　↓　暗黙知の形成
第２段階：イメージ形成　↓　イメージ思考によるアイデア創出
第３段階：原初的認識　↓　述語論理による新結合
第４段階：概念的認識　↓　形式知

このように直観や洞察とは、それらを生み出す創造プロセスに大きく依存していることになります。いわゆる「アハ体験」と呼ばれるようなひらめきは、無から生じるものではありません。それらは、イメージ思考、述語論理の駆使、という準備作業があって初めて可能になるものです。

したがって、直観的判断力を高めていくためには、このような準備を日頃から怠らずに継続していくことが求められます。

これは一見すると常識的で当たり前のことだと思われるかもしれません。しかし、現実問題として、イメージや述語的同一性に依拠した判断をするよりも、言語や分析を重視することのほうが多いのではないでしょうか。というのは、強く創造性を要求される業務でないかぎり、分析的作業のほうが重要な役割を果たすからです。

そのため、イメージや述語論理は軽視され、それらを駆使した思考トレーニングはほとんど行われないということになっているのです。

直観的判断に優れた人の行動特性

発見力リーダーと実行力リーダー

直観的判断に優れた人は、行動特性という点でも分析的な人と異なっています。クレイトン・クリステンセンたちが行った研究は、このことを明確に示しています。[19]

かれらは、スティーブ・ジョブズ、ジェフ・ベゾスなど25人の創業者および3500人超の新製品開発者へのインタビュー調査を行いました。そこで明らかになったのが、「観察」「質問」「実験」「人脈」「関連付け」という5つの行動特性に優れている点が共通しているということでした。

それに対し、実行力に優れた人の行動特性は、「計画」「分析」「細部重視」「自己規律」

(19) クレイトン・クリステンセン、ジェフリー・ダイアー&ハル・グレガーセン『イノベーションのDNA』(櫻井祐子訳、翔泳社、2012年)

という点で優れていたことが明らかになりました。

発見力に優れたイノベータは、計画や分析などにはあまり依拠していません。そうではなく、「人脈を広げ、そこで質問をすることで多様なアイデアを収集し、関連づけ実験していく」ということに専念しているのです。

これは多くの他者を巻き込まなければ実現できないものです。実際、「社内で創造的な人の特徴を指摘してください」という質問を企業研修やＭＢＡのクラスで行うと、だいたい、クリステンセンが指摘する「発見力リーダーシップ」の特徴が指摘されます。たとえば、「業務とはあまり関係がないような社外のセミナーや会合、学会などに出席することが多い」「社外の人脈が広い、色んな人とよく話をしている」などです。

一方、仕事がよくできる優秀な人は「実行力リーダーシップ」の特徴があります。かれらは、「計画や分析を重視し、細かいところに目を配り、ちょっとした不都合があればすぐに気がつく」といったタイプです。

通常の業務であれば、この実行力リーダーシップの人材が高く評価されるでしょう。かれらは決められた枠組みのなかで仕事を効率よくこなしていくことに優れています。ＰＤＣＡを回すコントローラーとは、まさにこの実行力リーダーであるといえます。起承完結モデルでいえば、これは「完結」人材に相当します。

一方、アイデアが豊富で創造的な人材は、そもそも自分のデスクにジッとしていることはありません。人と会うのが仕事であり、そのなかで情報やアイデアを収集しているのです。かれらは「起承」人材に該当します。

欠点としては、詰めが甘く、細かな作業をそつなくこなすことが苦手です。したがって、発見力リーダーには、側面からサポートする実行力リーダーが必要です。実行力リーダーは、発見力リーダーが打ち出す突拍子もないアイデアに振り回されながら、それを何とか形あるものへと変換していくのです。

両者のリーダーは車の両輪であり、そのバランスが組織のなかでとれていることが大切です。つまり、「起承」と「完結」の連携・バランスが鍵になるのです。

ただし、OODAを回していく際には、まずは発見力リーダーの役割が重要です。そもそも観察は、このような発見力に優れた人材がいなければうまく機能しません。

人脈や行動範囲が広いからこそ、多様なものを観察することができ

図4-1　発見力に優れた人と実行力に優れた人の行動特性

● 発見力に優れた人

観察、質問、実験、人脈、関連付け

● 実行力に優れた人

計画、分析、細部重視、自己規律

るのです。そして、情勢判断をする際、豊富な人脈から得られた知識が暗黙的に内概念となり、直観、洞察の源泉となるのです。

このような人材は、沈思黙考タイプではなく、現場を回り、足で情報を稼ぎ、人脈を広げつつ多様なアイデアを収集していく行動的、外向的な行動特性をもっています。優れた直観的判断には、このような行動特性の裏付けが必要なのです。

この点で、創造的な数学者や物理学者とは異なっているといえるでしょう。というのも、創造的な学者には、このような発見力リーダーシップは必ずしも要求されないからです。

したがって、OODAの「情勢判断」においては、思考レベルではイメージ思考、述語論理を駆使することに加え、行動レベルでは発見力リーダーシップを発揮していくことが求められるのです。

この発見力リーダーシップに関し、それらは行動特性から構成されているという点に注意してください。行動特性とは天賦の才能や資質のことではありません。それはあくまでも行動上の特徴であり、意識して変えることが可能なものです。

たとえば、あまり人に会うことがなく、内向的に仕事をしている人については、社外での会合やセミナー、交流会などに積極的に顔を出し、産業財メーカーなら顧客を訪問し、消費財メーカーであれば売り場を観察することなどが考えられます。

このように行動特性を変えることは、いつからでも実行することができます。ＯＯＤＡを回していくためには、その担当者にはこのような行動特性を意識的に実践していくことが求められるのです。

会議の時間は議題の重要度に反比例する

したがって、「情勢判断の仕組み化」としては、発見力リーダーとしての行動特性を促進することが考えられます。

「観察」についてはすでに前章で述べた通りです。それに加え、「質問」「実験」「人脈」「関連付け」については、別途、組織的な仕掛けが可能です。

企業でよくある風景は、会議に出ている部長がほとんどしゃべってしまい、他のメンバーの意見がまったく出ないということです。このような会議はいくら続けても、「情勢判断の仕組み化」にはつながりません。

戦略論には、「計画のグレシャムの法則」という命題があります。グレシャムの法則とは、悪貨が良貨を駆逐するという現象を指したものです。貨幣のなかに悪貨が紛れ込むと、その信頼性は失墜し、最終的には貨幣自体の価値が失墜するということです。

同様に、戦略的意思決定業務のなかに日常業務が混在すると、どうしても後者が優先され、戦略的意思決定は延期され回避されることになります。

英国の政治学者シリル・ノースコート・パーキンソンによって提起された「パーキンソンの法則」と呼ばれるものがあります[20]。

そのなかの一つに「凡俗法則」があります。これは、会議に要する時間は議題の重要度に反比例する、というものです。つまり、どうでもよい議題には侃々諤々の議論が繰り広げられ、戦略的に重要な課題については時間切れで十分な議論もされずに結論が先延ばしされるか、あるいは前例踏襲というかたちで落ち着くということです。この凡俗法則もまた、計画のグレシャムの法則を別の観点から指摘したものです。

このことからわかるのは、「質問」「人脈」「関連付け」などを組織的な仕掛けで活発化しようとするならば、通常の社内会議やその他のコミュニケーションとは異なる新たな仕組みが必要ということです。

これらの行動特性は、「探索活動」と表現することができます。この探索活動を仕組み化することが、当事者の発見力や情勢判断の精度を高めていくことにつながるのです。

探索ターゲットとモードの選択

不確実性のトレード・オフ

では、「情勢判断の精度」を高めるには何が鍵となるのでしょうか。この点に関し、経済学者であるバートン・クラインは、その著書のなかで図4-2のような興味深い図を提示しています[21]。

この図は、コスト、納期、技術特性の3つの次元の確率分布を示しています。これらの確率分布は互いに独立しているのではなく、相互に依存しているため、AとBというような異なったケースが生じています。

Aの場合、コストと納期はターゲットの範囲内で収まる確率が高くなっています。ただ

(20) C・N・パーキンソン『パーキンソンの法則』(森永晴彦訳、至誠堂、1996年)
(21) Burton H. Klein (1977), *Dynamic Economics*, Harvard University Press, Cambridge

し、それを実現するために、技術特性がどこに落ち着くのかはかなり不確実になっていることがわかります。一方、Bのケースでは、技術特性の不確実性は低い分、コストと納期はかなり不確実になっています。

不確実性のトレード・オフとは、ある望ましい事象の不確実性を削減しようとすれば、他の次元で不確実性が増加するという現象のことを指します。コスト・納期の不確実性を削減するためには、それを実現できる技術特性を探索しなければならないでしょう。そのため、実現される技術特性はより不確実なものになります。

一方、ターゲットとする技術特性を

図4–2　不確実性のトレード・オフ

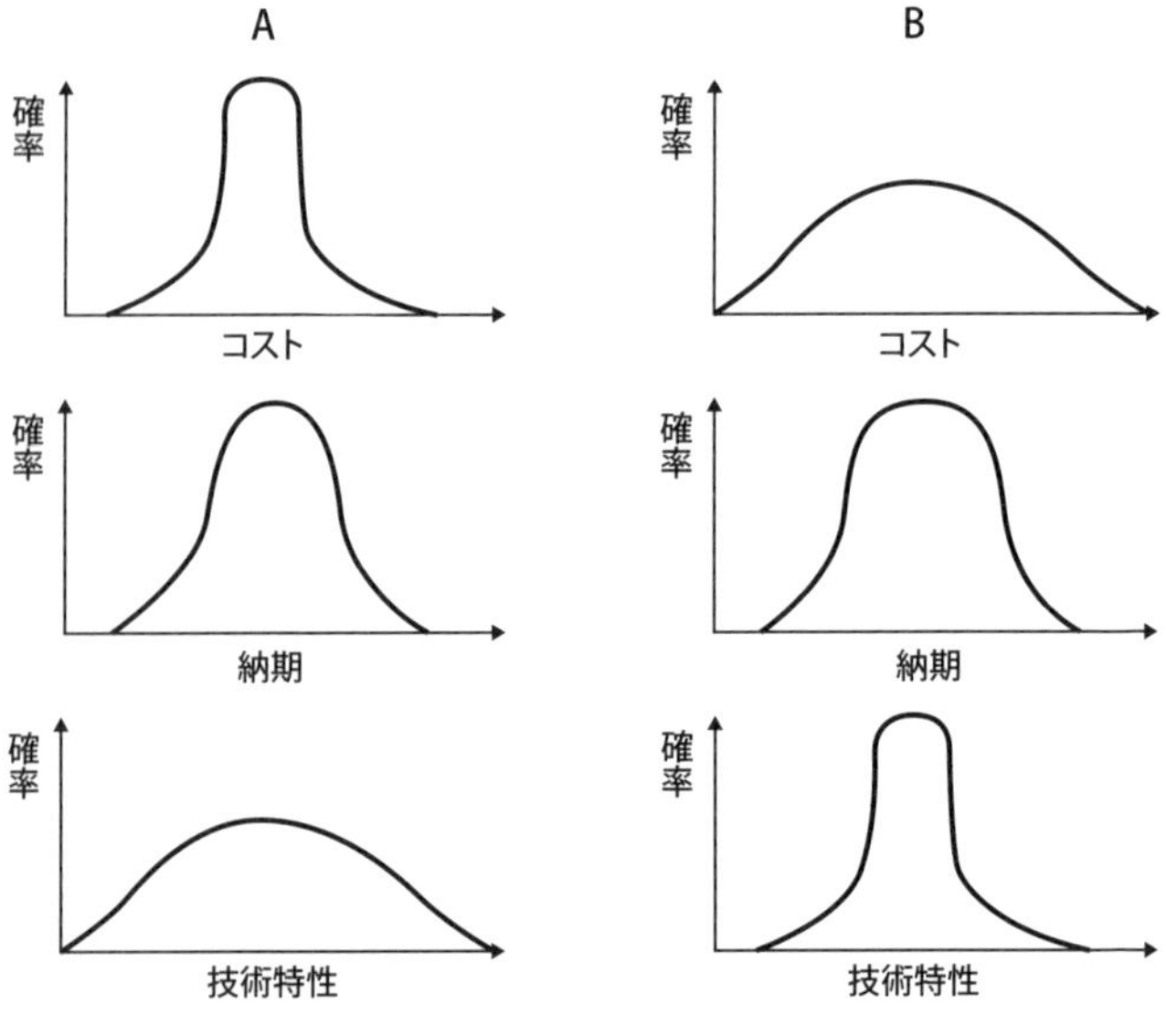

（出所）　Burton H. Klein (1977) より著者作成。

実現しようとすれば、そのターゲットに沿ったコスト・納期が選択されることになるため、コスト・納期の不確実性はかえって増加することになります。

ここで上位レベルの探索ターゲットがコスト・納期であり、それを実現するための下位レベルのターゲットが技術特性だと仮定しましょう。この場合、コスト・納期を改善しようと思えば、技術特性の次元での探索を活発化しなければならないことになります。

このことからわかるのは、ある領域での探索精度を高めるためには、それとトレード・オフの関係にある不確実性に対する探索頻度を量的に増加させることが鍵になるということです。

量的に増加というのは、ＯＯＤＡを高速で回転させることです。つまり、探索精度の問題は、ＯＯＤＡの回転頻度の問題として、すなわち、質に対する量的代替の問題として再定義することができるのです。

したがって、情勢判断の精度を高めるためには、ＯＯＤＡをより多く回していくことが求められるのです。個々のＯＯＤＡの精度をある程度まで犠牲にしても、それを回すことで結果として情勢判断の精度は向上していくことになるのです。

ただし、その前提として、ターゲットが何であるのか、そのターゲットを達成するために、どの領域で探索を行い、ＯＯＤＡを回していくのかを明らかにしておく必要があります。

探索モードのデザイン

探索領域が決まったとすれば、次に必要なのはどのようなモードで探索を行うのかという点です[22]。このモードの選択が、「質問」「実験」「人脈」「関連付け」などの仕組み化に該当します。

ここで大切なのは、個人ではなく、複数の組織メンバーの探索活動をどのように組織化するのかという視点です。

探索の中身によっては組織メンバーに依拠するのではなく、外部の力を活用したほうがよい場合もあります。内部で行うにしても、複数の組織メンバーに探索を競わせるのか、あるいは協調させるのかについても決定する必要があります。

図4-3　探索モード

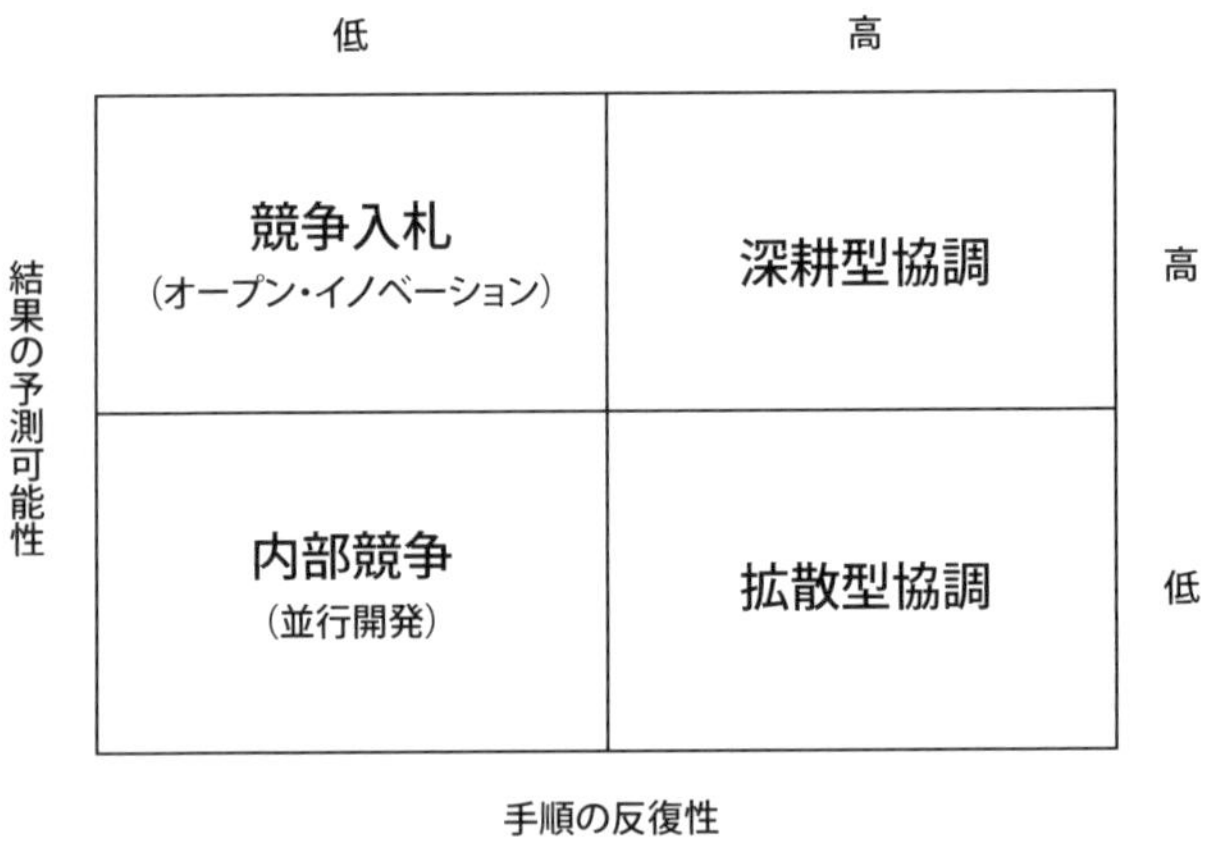

この探索モードの決定に際しては、結果の予測可能性と手順の反復性という2つの次元によって評価し判断するのがよいと思われます。結果の予測可能性が高いということは、探索の成果が高い精度で予測可能であることを意味します。逆に、その予測可能性が低い場合、どのような結果が探索の成果として得られるのかが事前に予測できないことになります。

手順の反復性が高い場合、探索はかなりの程度、定型的な手続きに従って実施すればよいでしょう。逆に、この反復性が低い場合は、毎回の試行はランダムであり、臨機応変の対応が求められます。

このように結果の予測可能性と手順の反復性を考慮に入れれば、該当する探索モードは、具体的には、図4-3に示されているように、「深耕型協調」「拡散型協調」「内部競争」「競争入札」から構成されることになります。

(22) 以下は、原田勉『イノベーション戦略の論理』(中公新書、2014年) での議論にもとづいています。

探索モードの事例研究

事例 ホンダのワイガヤ文化

結果の予測可能性が高い場合、それはオペレーショナル（日常業務的）な探索であり、狭い範囲での探索を行い、その結果については厳格な定量的評価を実施することになります。

ここでは限定的な領域で深掘りしながら探索するという意味で、深耕型探索と呼ぶことができます。ここでは手順の反復性も高いため、個人で探索を行うというよりも、組織メンバー間で協調し、分業しながら活動していくほうが効率的なものになります。

もし、組織メンバーが他の業務をこなしつつこの探索を行う場合には、日常業務の延長線上で対処すべき作業となります。工場における改善活動では、作業者が通常の生産活動に従事するなかで改善点を発見していきます。

同様に、深耕型協調では、日常業務と探索活動は兼任するほうが望ましいでしょう。というのも、両者の間のシナジー（相乗）効果が大きいからです。日常業務に従事することでその改善点はより明確に見えてくることになります。

深耕型協調の典型的な例は、工場でのQCサークルや改善活動などの小集団活動になります。これらは日常業務の延長線上で実施されるものですが、それでも、いわゆる定期的、定型的な会議とは異なるものです。

メンバーを替えることによって人脈が広がることもありますし、限定された領域での問題も明確なものになるため、質問や実験、関連付けもしやすくなります。

このような深耕型協調を促進する例として、ホンダの「ワイガヤ文化」を指摘することができます。

ワイガヤとは、議事進行のルール、会議のルールは一切ないということを意味します。いつまでにこれを討議し、このような結果を出そうとか、議事進行はこういう手段でやりますというのがまったくなく、ただ集まって話を始めるようなところからスタートするのです。

ただし、ワイガヤには3つの原則があります。1つは、共通の目的で集まるということであり、2つ目は、いろいろな考えを持っている異質な人々、あるいは異質な部門の人たちが集まるということ。そして、最後に、肩書きを外した対等の関係で話をするということです。これらのルールは、技術の下では万人は平等であるという考え方にもとづいています。

そこでは単なる批判は厳禁です。相手を批判するからには、自分が体験にもとづく案を提示しなければならないのです。反対のための反対ではなく、反対するからにはオリジナルの意見を述べる必要があります。

ただし、前回の議論である程度まで進んだとしても、2回目はまたゼロからスタートすることになるので、蓄積はあまりありません。しかし、蓄積がなくても、この会議を繰り返すことで知のレベルがジャンプアップすると考えられているのです。

ホンダのインサイトの開発では、開発メンバーがある温泉地に山ごもりし、そこで徹底的に車を試乗し議論を重ねたそうです。当時のハイブリッド車の市場シェアは3％であり、顧客もほとんど未体験であるため、顧客の視点から、何を守って何を変えるべきかを徹底的に議論したのです。

その議論の成果として、顧客はカタログ燃費ではなく実用燃費を重視するのではないかということが明らかになり、ドライバーが画面を見ながらどのように運転すれば燃費がよくなるのかがわかるエコアシストというシステムが開発されたのです。

このような会議の仕組みは、明らかに「質問」「実験」「関連付け」を促進し、それらの中身を深めていくことにつながります。また会議のメンバーを工夫することにより、「人脈」を広げることにもつながります。

事例　3Mのテクノロジープラットフォーム

結果の予測可能性が低い一方、手順の反復性が高い場合、日常業務から離れ、拡散型探索に特化した組織メンバーによる協調的な探索活動が必要になります。ここでは、日常業務と探索活動との間のシナジー効果は薄れ、むしろ、探索に特化することによる専門化の経済性が大きくなります。

探索活動は幅広いものになり、不確実性が高いなかでの作業となります。このような作業は、計画のグレシャムの法則で指摘されるがごとく、後回しにされる傾向が強く、兼務になれば、どうしても日常業務が優先されることになります。拡散型探索を行うには、探索に専任する人材を登用することが求められます。

この拡散型協調を効率的に運用する仕組みとして、前章でも言及した3Mの「テクノロジープラットフォーム」という制度をあげることができます。

3Mには、約5万5000もの膨大な製品群が存在します。しかし、それらの大半を支えるテクノロジープラットフォームは45前後しかありません。

ここでいうテクノロジープラットフォームとは、競合他社と差別化されているコア技術のことです。このようなコア技術が突き詰められたものであれば、それは汎用性をもつようになり、他の領域にも転用可能になります。転用することにより、新たなイノベーションが創出される可能性が高まります。

たとえば、同社には高精細表面技術（microreplication）というテクノロジープラットフォームがあります。これは、100ミクロンの厚みのものに0・05ミクロン程度の精度で3次元の形を作る技術のことです。材料にはプラスチック、コンポジット、セラミックスなどが使用されます。

この技術が生まれたのは、1964年、オーバーヘッドプロジェクター（OHP）が教育用に広く使われていた時代です。それに使っているレンズがガラスであったため、もっと安く、なおかつ軽くしてほしいというニーズがありました。それに対し、プラスチックを使ってレンズを開発したのが最初になります。

その後、この技術は液晶画面のバックライトや交通標識の反射材、研磨材など多様な領域に適用され事業化されていったのです。

イノベーションはテクノロジープラットフォームを新たな領域に適用することで生じる場合もあれば、複数のテクノロジープラットフォームを組み合わせることで実現することもあります。

すでに差別化された要素技術に別の差別化された技術が加われば、「差別化×差別化」となり、さらに差別化が加速されることになります。

たとえば、同社の液晶フィルムの特徴は、それを使うことによって50％近く省電力になる点にあります。なぜこれが可能かといえば、高精細表面技術と偏光板技術が組み合わされているからです。

３次元構造体には集光効果があり、液晶のバックライトの輝度を上げることが可能になります。さらに、光にはＰ波とＳ波があります。通常、偏光板はＰ波だけを通し、Ｓ波は通さないため、Ｓ波のエネルギーを利用することができません。それに対して、同社の偏光板技術を活用することで光の屈折などをコントロールし、Ｓ波を再生利用することができます。

このように２つのテクノロジープラットフォームを使うことで、より差別化された製品を開発することに成功しているのです。

このような多様な技術の組み合わせによるイノベーションの遂行には、幅広い探索、しかも、拡散型協調が必要になります。そのためには、どこにどのような技術があるのかが明確でなければならないでしょう。

同社の技術開発の特徴の一つは、このテクノロジープラットフォームを社内外で「見える化」している点にあります。社内的には、イントラネットで各テクノロジープラットフォームの情報にアクセスすることができます。そして、さらに詳しく話が聞きたければ、専門家に電話やメールでコンタクトをとり個別に相談することが可能です。

そのようにして技術者はインフォーマル（非公式）ネットワークを自分でつくっていき、自らの研究に役立てているのです。

技術とは結局のところ人です。その人がもつ能力に大きく依存します。各テクノロジープラットフォームには、それを代表する専任の専門家が張り付いています。かれらは質問されたことはすべて答える義務を負っており、どの程度の頻度で質問に答えており、事業化にどの程度貢献しているのかという観点から業績評価されています。あまり問い合わせがなく、事業化への貢献も少ないと判断されれば、それは廃止の対象になります。

そのため、テクノロジープラットフォームの専任技術者は、問い合わせてきた技術者に対して懇切丁寧に対応する強いインセンティブが与えられています。このコア技術の見える化と協調へのインセンティブが、同社における自発的な拡散型協調を組織的に支えているのです。

このテクノロジープラットフォームという仕組みによって、「人脈」を広げ、「質問」し、見える化によって、多様なテクノロジープラットフォームを「関連付ける」ことが可能になります。そして、テクノロジープラットフォーム担当者とやり取りをし、そこで得られた知見をもとに「実験」を加速化することにつながるのです。

事例　3Mの15%ルール

結果の予測可能性と手順の反復性が低い場合、高い不確実性のなかでの探索になります。この場合、組織に競争を取り込み対応することが考えられます。OODAを同時並行的に複数のチームないしは個人に回してもらうという方法です。

技術マネジメントでは、これを「並行開発」といいます。開発を担当するチームないしは個人は、互いに競争することになります。

ここで重要なのは、競争に参加する組織メンバーやチームの間に多様性が確保されているという点です。すでに議論したように、「ミクロの多様性はマクロの安定性をもたらす」からです。

ここで競争に外部の業者が参加すれば、次に述べる競争入札になります。内部競争は基本的には組織メンバーのみが参加することになります。もちろん、外部の業者がここに参加してはいけないということではありません。

内部か外部かの相違は、その開発コストをだれが負担するのかという点にあります。外部の業者であれば、競争入札になるので、基本的に成果が出るまでコストを負担する必要はありません。しかし、内部の組織メンバーであれば、コストは企業で負担しなければなりません。したがって、一見すると競争入札のほうが望ましいようにも思われます。

問題は、外部業者には、このような競争に参加するインセンティブがないという点にあります。このような不確実性のきわめて高い探索は、取引相手との関係特殊的なものになる傾向が強くなります。もちろん、この探索の成果が汎用性をもつこともありえます。しかし、それもまた不確実なのです。

外部業者にとって、たとえ顕著な成果をあげ競争に勝ったとしても、投資を回収できるだけの取引がその後継続されるかどうかは不明です。長期的な取引関係があり、互いの信頼関係が成立しているのであれば、そのような心配はないでしょう。

しかし、このような信頼関係や制度的保証がなければ、関係特殊的投資はリスクがあります。発注側からすると、相手にとって自社以外に買手がいないことが明らかな場合、値切ることが可能になります。さまざまな理屈をつけて契約金額は支払えない、半額であれば引き取っても構わないと吹っ掛けることもできます。

外部業者にとっては、すでに投資をした後になるため、少しでも資金が回収できるのであれば、その金額を受け入れざるをえません。このようなことが事前に想定されるため、関係特殊的投資は行われないのです。

不確実性の高い探索のなかでＯＯＤＡを回していくためには、組織メンバーに自由裁量の余地を十分に与える必要があります。しかし、あまり十分に理解されていないのが、自由は平等に与えられるものではなく、メンバー自らが勝ち取るべきものだという点です。

このことを理解するために、３Ｍの「15％ルール」を取り上げてみましょう。日本企業でもブートレッギング（密造酒づくり）とかシャドーワーク（影の仕事）という言葉で紹介されており、いくつかの企業で実際に導入されています。にもかかわらず、その実態については必ずしも正確には理解されていません。

15％ルールとは、研究者は自分の勤務時間のうち15％は好きな研究に割いてもよいという制度です。このルールの下では、研究テーマは自らの裁量で決めることができます。上司への報告義務もありません。

同社の大ヒット商品のかなりの部分はこの15％ルールを適用して進められた研究から派生しているようです。組織のなかで決められた研究開発テーマではなく、自由な探索を奨励する制度であるということもできるでしょう。この場合、OODAは、15％ルールを活用する個々の研究者によって回されることになります。

しかし、15％ルールが意味するところは、時間の自由だけであり、金（研究費）の自由は保証されていません。すでにプールされた研究費が自動的に割り当てられ、これを使って自由に研究しなさいという制度ではないのです。ここのところで、多くの誤解があります。実際、日本企業でこれに類似した制度を設けているところは、予算も事前に与えていることが多いのです。

3Mの場合、研究員が自由に研究するための資金は、自分で獲得しなければならないのです。そのため、3Mでは社内にさまざまなファンドが用意されています。研究者は、ファンドに応募して予算を取ってくるか、あるいは事業部と交渉して自分の研究テーマを説明し、資金を出してもらうように説得しなければなりません。

もし、何らかの資金が獲得できなければ、15％ルールの機会を十分に享受することはできません。研究にはお金がかかるからです。

3Mでは、技術開発にかぎっていえば、何らかの権限を利用して資源配分するということは極力避けるような仕組みになっています。資源配分は個々の研究者の実績や交渉にもとづき、自生的に形成されていくことになります。

それは準市場的な場として解釈することもできるでしょう。プレイヤーである研究者は、自らの研究を相手に売り込み、説得し、資金援助を引き出すという営業をしなければなりません。

開発した成果も同様です。上層部の命令によってそれが事業化されるのではなく、開発担当者が事業部を説得することによって事業化を推進していくのです。この場合、研究者は組織の歯車の一部というよりも、独立した個人事業主といったほうがいいでしょう。自らの才覚を駆使して研究資金を確保し、研究成果を売り込んでいく必要があります。それができない研究者には居場所は最終的にはなくなることになります。

技術の下では万人が平等です。それにもかかわらず、そこで何らかの権限を使って資源配分を決定することは、自然の摂理に反した行為になります。

3Mでも当然ながら業務命令として戦略的に技術開発を行うことはあります。しかし、恣意的な権限による資源配分の決定ではなく、できるかぎり関係者間での自発的な交渉によって自生的な資源配分が形成される仕組みになっています。
これは研究者の立場からすると非常にシビアなものです。しかし、このような競争こそが探索の頻度を高め、ひいてはイノベーションの確率を向上させることにつながっているのです。

同社のイノベーション能力の源泉の一つは、競争と交渉による社内の資源配分メカニズムにあります。そこで各研究者に平等に与えられるのは、自由を獲得できる機会にすぎません。自由を獲得するには、社内競争に打ち勝ち、関係者を説得していくことが求められるのです。

これは、第2章で述べたミッション経営に他なりません。つまり、競争の下では、各チームないしは個人は、与えられたミッションの下で、競争と交渉を通じて資金を獲得し、探索活動に従事することになるのです。

この15%ルールと前述のテクノロジープラットフォーム制度を加えると、3Mでは拡散型協調と内部競争が共存しているということになります。しかし、そこに矛盾はありません。インフォーマルな研究、探索活動では競争メカニズムを働かせる一方で、コア技術の活用に際しては、専任の専門家が協調的に支援することで競争と協調は両立しています。

このような複数の探索モードを用意することで、「人脈」「質問」「実験」「関連付け」を促進しているのです。

事例　トヨタの組織メモリー

手順の反復性が依然として低いけれども、結果の予測可能性が高い場合、不確実性はその分削減され、予想される投資額も少なくなります。これは要求される関係特殊的投資も少なくなるということであり、外部業者が競争に関与するインセンティブは高まります。

この場合、競争入札が有力な探索モードとなります。これは上記の内部競争に外部業者を巻き込んだものであり、単一の業者に委託するのではなく、複数の業者に競わせ、競争入札のような形をとります。複数の外部業者による多様な試行を管理し、その成果を享受する仕組みが競争入札です。これは、オープン・イノベーションと表現することもできるでしょう。

組織メンバーが競争に参加すると、コスト負担の問題が生じます。それにもかかわらず、場合によっては自社の関連する部署などが外部業者とともに競争することもあります。

トヨタが部品をアウトソーシングする場合、単に外部業者に委託するだけではなく、自社の関連部署からもその部品が調達できるように内部開発を進めることがあります。それが特に基幹部品であれば、少なくとも自社でも生産できる可能性を残しておくよう配慮しています。というのも、安定供給を達成するためのリスクヘッジになるからです。

それに加え、自社に開発能力がなければ、外部業者を正しく評価・選定することができないこともあります。つまり、外部業者を評価するために、あえて自社でも開発に取り組むということが試みられているのです。

競争入札が有力な探索モードとなることを理解するために、トヨタのアウトソーシングの事例をさらに詳しく取り上げてみましょう。

トヨタのアウトソーシングの特徴は、2社発注方式にあります。1社だけに依存するのではなく、必ず代替的な供給業者を確保するようにしています。それによって価格主導権を相手に握られることを回避できますし、何らかの事故で1社から部品調達ができなくなったときにも柔軟に対応することができます。

業者を選定するにあたっては、まずは競争入札から始まります。ここには自社の関連部署も含まれうるでしょう。そして、より高い品質とコストパフォーマンスを達成したところが、受注する運びとなるのです。

競争入札の対象となる供給業者は、原則としてトヨタと長期的な関係をもっているところに限定されます。この長期的な関係は、競争入札のなかでどのような貢献があったのか、どこまで頑張ったのかというプロセス評価をもとに形成されます。

ある競争入札でたとえ受注できなかったとしても、プロセスで評価された供給業者は、次の競争入札の対象業者として選んでもらえる可能性が高くなります。だからこそ、たとえ勝つ見込みが低くても、頑張ろうというインセンティブが与えられているのです。その結果、供給業者は探索活動に力を入れることになります。

もちろん、これは競争入札のスタートラインに立つ権利が与えられるというだけであり、実際に受注できるかどうかは純粋に結果で評価されます。しかし、それにもかかわらず、多くの企業はトヨタの競争入札の対象企業になりたがり、そのために努力を怠らないのです。

たとえば、トヨタ系のアイシン精機の工場が1997年2月に火災を起こし、同社のブレーキ系の生産ラインがストップするという事故が起こりました。トヨタにしては珍しく、当時は、すべての車種が数十種類からなるアイシンブレーキの部品に依存しており、2社発注方式はとられていなかったのです。

しかし、驚くべきことに、アイシンの工場復旧には2カ月かかったにもかかわらず、トヨタの生産ラインは1週間程度で復旧したのです。

それがなぜ可能だったかといえば、トヨタと直接取引のない2次部品メーカーやトヨタ系列に属していない部品メーカーから打診があり、かれらが代替部品を供給したからです。かれらは、トヨタから該当する部品の図面と、工場の焼け跡に残ったすべての工具を設計情報として得ることで、部品を再現していったのです。

その後、4月にアイシンの工場が復旧すると、再び関連部品はアイシンによって供給されることになりました。

では、アイシンに代わって部品を供給した業者にどのようなメリットがあったのでしょうか。それは、トヨタにそのような貢献を記録してもらうことにあります。おそらくかれらの行動は、短期的に見れば採算のとれるものではなかったでしょう。しかし、このような貢献こそが、将来、トヨタによる競争入札の対象業者として選定される大きなチャンスにつながります。それを計算したうえでの行動だったのです。

このような貢献を引き出すためには、トヨタの「組織メモリー（組織としての情報保持力）」が高くないといけません。担当者が替わるとその情報が引き継がれないような場合、部品メーカー側にわざわざ図面から部品を再現するインセンティブはありません。そこでは短期的なギブ・アンド・テイクしか成立しないからです。

しかし、トヨタは組織メモリーが高いため、短期間に断片的な情報から部品を再現した技術力を評価し、将来、競争入札のメンバー選定の際にその技術力の高さを考慮に入れることになります。このような長期的な視点からのギブ・アンド・テイクが成立するところに、トヨタの競争入札制度の効率性の源泉があるのです。


このような競争入札は、当然のことながら組織メンバーの「人脈」を広げ、外部業者への「質問」の機会は多くなります。

「実験」は外部業者に委託することになりますが、実験が行われていることには違いがありません。そして、多様な業者の成果を比較することで、「関連付け」の機会も増えていくことになります。

このように外部の業者の競争メカニズムを利用することで、結果として組織内でのＯＯＤＡの高速回転を可能にし、情勢判断の能力を高めることにもつながるのです。

第5章

【OODAマネジメントの実践③】

「適応問題を解決する」を仕組み化する

観察、情勢判断、行動を同時に実施する

行動に移せない適応問題

ＯＯＤＡループによくある誤解は、観察↓情勢判断↓意思決定↓行動という逐次的な順序でループが回されるということです。

ボイドの意図は、このような逐次的ループではなく、可能ならば、観察、情勢判断、行動がほぼ同時に実施されることでした。ＯＯＤＡの４つの構成要素は、あくまで便宜上、概念的に区分しているにすぎません。たとえば、スポーツ選手の場合、観察、判断、行動（体を動かす）はほぼ同時に行われることが多いでしょう。これらは逐次的に分けられるものではないのです。

したがって、観察・情勢判断の仕組みが整備されていれば、そこから行動はほぼ同時的に規定されることになります。この場合、行動の仕組み化をあえて取り上げる必要はないかもしれません。

しかし、観察・情勢判断と、行動とが整合的でない場合、問題が生じることになります。情勢判断した方向性と実際の行動が一致しない場合、ＯＯＤＡはうまく回らないことになります。

このようなことが生じる原因として真っ先に考えられるのが、「上からの横やり」です。折角、決断して行動に移そうとしても、上からストップがかかる場合は実行できません。あるいは露骨な横やりがなかったとしても、いわゆる「忖度」によって差し控えるということもあります。これらの場合、現場での行動は抑制されてしまいます。

ただし、ミッション経営ということが遵守されていれば、基本的にはこのようなことは生じません。上司は、期限を区切り、所定の時期までのミッション達成について合意すれば、あとは「待つ」だけであり、その過程での出来事については相談がないかぎり干渉することはありません。したがって、「あの件どうなっている？」「なんとかやっています」「しっかりやってくれ」という会話ですべてが終わるのです。

上司からの横やりがなければ、ＯＯＤＡの行動・実践上の問題はないかといえば、そうとは言い切れません。そこには実行を阻むいくつかの問題が生じ得ます。このような実行に関わる問題を「適応問題」といいます。

適応問題は、やるべき内容、Ｗｈａｔ部分については明確になっているものの、それを実践に移す際の手段、方法、Ｈｏｗのところで何らかの障害があり、Ｗｈａｔが実践できていない状況を指します。この適応問題を解決することが、ＯＯＤＡを円滑に回す際には重要な課題となります。

したがって、この章で取り上げる仕組み化とは、「適応問題に対する仕組み化」です。適応問題がなければ、そもそも行動の仕組み化を考える必要はありません。というのも、やるべきことが明確なのに実践できないからこそ、行動の仕組み化が求められるのです。Ｗｈａｔ部分については、観察・情勢判断の仕組みによって明らかになっているからです。

しかし、適応問題を考えていくと、新たな行動の方向性が明らかになっていくこともあります。たとえば、Ｗｈａｔを目的、Ｈｏｗを手段ととらえることにしましょう。適応問題は後者の手段に問題があるから生じます。

その解決策として、新たな手段が見つかったとしましょう。その新たな手段は、より下位のレベルから見れば新たなＷｈａｔとなります。そのＷｈａｔを下位レベルで実践するためのＨｏｗをまた考えていくことが必要になることもあります。

つまり、ＷｈａｔとＨｏｗは相対的なものであり、上位レベルではＨｏｗであったものが、下位レベルに視点を移せば、それはＷｈａｔにもなるのです。目的と手段の体系はある種の階層構造となります。

そのため、適応問題を考えることが、同時に新たなWhatを案出することにつながります。「行動の仕組み化」を考えることは、行動だけではなく、新たな観察・情勢判断を生み出し、OODAをさらに回すことにつながるのです。

いままで繰り返し指摘したように、観察、情勢判断、行動は逐次的ではなく同時並行的に生じるというのはこのことからも明らかだと思います。

事例　ベトナムでの低栄養改善プログラム

この適応問題を考えるに際し、非常に興味深い事例があります。それはベトナムで子どもたちに対して実施された栄養改善プログラムです。[23]

当時、ベトナムでは5歳以下の子どもの3分の2が低栄養に苦しんでいました。米国のNGO、セーブ・ザ・チルドレンのスターニン夫妻は、大規模な栄養改善プログラム

(23) 以下の事例は、Richard T. Pascale, Jerry Sternin, & Monique Sternin (2010), *The Power of Positive Deviance*, Harvard Business Press, Boston にもとづいています。

を実施するために、1990年にハノイを訪問しました。

ベトナム政府は、これまでの経験から、栄養補助食を提供する従来のプログラムの結果が持続性に欠けることを学んでいました。そのようなプログラムで一時的に栄養状態が改善したとしても、プログラムが終了すると、再び低栄養の子どもたちの数は元の水準に戻ってしまっていたのです。

ベトナム政府は、スターニン夫妻に次のように告げました。

「スターニンさん、6カ月の時間を与えます。その間に結果を出してください。もし結果が出ないようでしたら、あなたたちのビザの延長は認められません」

スターニン夫妻は、ハノイに到着するや否や、いきなりプログラムの実行が「上からの横やり」によって阻まれることになったのです。

栄養補助食を無償で配布する予算もなく、時間も限られたなかで成果を出さなければいけないという厳しい状況のもとで、かれらは新たなアプローチをとりました。具体的には、ベトナム政府と相談のうえ4集落を選び、そこで2000人の3歳以下の子どもの体重を測定したのです。

その結果、約64%が低栄養状態であることが判明しました。そこでスターニン夫妻は次のような質問をしたのです。

「非常に貧しい家庭だけれども、栄養状態のよい子どもはいるでしょうか」

そのような条件を満たす子どもが数名（6家庭）いることがわかりました。そこでかれらはそれらの家庭を訪ね、なぜ栄養状態がよいのかを調査しました。その結果わかったのが次の5点です。

①芋の葉や茎を子どもの食事の中に加えていた。
②水田から小さなエビや蟹を集め、子どもの食事の中に加えていた。
③一般的には2回である子どもの食事を3、4回に分けていた。
④食べ物を無駄にしないように、子どもに積極的に食べさせていた。
⑤食事の前後に子どもの手を洗っていた。

まず、芋の葉や茎にはビタミン、βカロチン、鉄分、カルシウム、エビや蟹には、たんぱく質やミネラルが多く含まれていました。芋の葉や茎は普通捨てられることが多いのですが、これらの家庭ではそれを捨てずに食べるようにしていたのです。

また、ベトナムでは、食事は1日に2回取るのが習慣でした。それを3回か4回に分けることで栄養吸収をよくしていたのです。

ここで重要なのは、これらを実践するのに特にお金がかかるものではなかったということです。芋の葉や茎は普通なら捨てられていたものです。それを捨てずに食材として活用するということであり、エビや蟹は水田から取ってくればお金はかかりません。また、食事を3回か4回に分けて食べるといっても食事の総量は同じままでした。つまり、同じ量の食事を2回で食べるか、3回か4回に分けて食べるかの違いです。したがって、これも特にお金がかかることではありませんでした。

スターニン夫妻は、このような貧しい家庭の行動を発見し、それを普及すれば栄養状態は改善できると確信しました。これが新たなプログラムのWhatとなったのです。

次に問題になるのは、それをどのようにして実践するのかというHowの部分になります。ここで新たな適応問題が生じることになりました。つまり、上記の発見事実をどのように他の家庭に伝え普及させるのかという問題です。

スターニン夫妻は、過去の経験から、長年の習慣を変えるのは非常に難しく、新しいやり方がいかに有効なものであっても、それを受け入れるのに抵抗を示す人が少なくないことを知っていました。ただ発見したことをポスターにしたり、家庭訪問、セミナーなどで啓蒙しても効果は限定的であることが予想されたのです。

そのとき、ある村の老人が、「1000回聞いても、一度見るほうが価値がある。1

000回見るより、一度試してみるほうが価値がある」と述べました。

そこで、「見ること」や「聞くこと」よりも、「行うこと」を強調する2週間の栄養プログラムを作成し、それを各集落で実践するように活動していきました。

その結果、スターニン夫妻は、ベトナム政府が期限を設けた6カ月以内に、栄養失調状態にある子どもたちのうち、60～70％の栄養状態を改善し、数万人単位の子どもたちの命を救うことができたのです。


この事例が、いわゆるポジティブ・デビアンス・アプローチ（以下、ＰＤアプローチ）と呼ばれるものの原型となりました。

その後、スターニン夫妻は著名な経営学者、リチャード・パスカルとともに、『ポジティブ・デビアンス』というタイトルの本を出版し、ＰＤアプローチは、経済開発のみならず医療、企業経営など幅広い現場で広く普及することになったのです[24]。このポジティブ・デビアンス（positive deviance）という考え方は、日本ではまだまだ知名度が低い状態であり、十分に活用されていません。これは非常に残念なことです。

（24）前掲書

ポジティブ・デビアンス・アプローチ

このポジティブ・デビアンス（ＰＤ）とは、良い意味での逸脱者のことを意味します。たとえば、全社的に売上が落ち込んでいたとしましょう。それでも営業マンのなかで高い成績を維持し続けている人や、販売店のなかでも例外的に高業績をあげているところがあるはずです。そのような少数の逸脱者を探し出し、かれらの行動から学んでいこうというのがＰＤアプローチです。

事例　慢性喘息治療薬「ゾレア」販売不振の克服

米ジェネンテック社が開発した慢性喘息治療薬「ゾレア」は、その優れた薬効にもかかわらず売上が伸び悩んでいました。この売上不振の原因を追求するなかで、全米で242人いる営業マンのなかでたった2人だけが平均の20倍の営業成績をあげていることがわかりました。どちらも女性で、ゾレア販売における障害をうまく克服していたのです。

当時、ジェネンテックの主力製品は抗がん剤で、その専門医は静脈注射に慣れていました。一方、ゾレアを扱うアレルギー専門医、小児科医は静脈注射に慣れておらず、患者にとっても煩雑な健康保険手続が必要で、結果として医師たちはゾレアを扱うことに難色を示していたのです。PDである彼女たちは、医師や看護師に静脈注射の仕方をレクチャーし、事務員には保険手続のやり方を指導しました。このような地道な努力の結果、彼女たちの営業成績は例外的に高い水準を達成したのです。

成功事例を社内の「凡人の逸脱者」に求める

PDアプローチは、ベンチマーキングやベストプラクティスといった従来の手法と何が違うのかという疑問をもたれるかもしれません。

確かに成功事例から学ぶという点では共通しています。ただし、根本的に異なるのが、成功事例を外部ではなく内部に求めるということ、そして、問題となるプラクティスは決してベストではないという点です。

私が主催するある勉強会では、華々しい成功を収めた企業のトップを講師として招き、そこで参加企業のメンバーと議論することが多々あります。しかし、あまりにも独自性の高いやり方の話をされると、参加メンバーからは「斬新的すぎて、ウチには参考にならない」という声がよく聞かれます。ビジネス書やビジネス雑誌で取り上げられる革新的事例は、参考にはなっても、実質的にはあまり役立たないことが多いのです。

しかし、成功事例が内部にある場合は別です。内部の同じ環境、制約条件のなかでも成功しているのですから、環境の違いは言い訳にはなりません。だから抵抗なく受け入れられやすいのです。

ただし、たとえ同じ環境下にあったとしても、模倣する対象があまりに優れていればこれもまた参考にはなりません。極端な例でいえば、身近にアインシュタインのような天才がいて、そのかれを模倣せよ、といわれても天才を模倣することは不可能です。

天才でなくても、たとえば、社内のトップ営業マンの行動パターンを分析し、それを模倣しようとしても模倣しきれないことが多いものです。というのも、そのようなトップ営業マンはすでに多くの大口顧客を抱え、強固な顧客関係を築き上げているからです。営業成績を上げるには、大口顧客との関係を構築しないといけないといったところで、新人営業マンにとってはほとんど参考にならないでしょう。

むしろ必要なのは、社内の天才やトップパフォーマーを取り上げるのではなく、能力的にも、与えられたリソース的にも「平均的な凡人」に着目することです。凡人だけれども、平均以上のパフォーマンスを達成している人こそ模倣の対象とすべきなのです。たとえば、ある企業でこのような経験をしたことがあります。そこでは、部下との信頼関係をいかにして構築するのかが問題になっていました。

この場合、部下から信頼の厚い上司を抽出し、その行動特性を分析してもあまり意味がありません。というのは、そのような人たちは人間的に魅力的であったり、笑顔が素敵だったり、なかなか自分ではコントロールしにくいことを武器にしていることが多いからです。

そこで、私は「一見したところとっつきにくい、愛嬌のない上司のなかで部下の高い信頼を得ている人を探したらどうでしょう」と助言しました。実際そのような人がいるのか探してみたところ、数名該当者を見つけることができました。

そのうえでかれらの行動特性を観察してみると、どうも会議に関わるある行動が共通していることがわかったのです。

その行動とは、会議中のことではなく、会議後のことでした。それは、会議が終わってから、最低5分間はその場に座り続けていたということです。多くの上司は、会議終了後は、そそくさと自分の席に戻っていました。しかし、これらの人たちは、しばらく会議室の椅子に座っていたのです。

するとと、とっつきにくい上司であっても、身近なところにいるので、部下がコミュニケーションをとってくるのです。このようにして部下との意思疎通を図り、高い信頼を得ているのでした。

もし、部下の信頼の厚い上司像が、カリスマ的なリーダーシップがあるとか、人間的魅力にあふれている、ということだったら、凡人である私たちは手も足も出ないことになります。

しかし、会議の後にすぐに席を立つのではなく、しばらくじっと座っていることだったら誰でも実践することが可能です。

これは、模倣の対象が、「凡人の逸脱者」だからこそ可能なことなのです。ベストプラクティスは「社外のベストの逸脱者」を取り上げるのに対し、「社内の凡人の逸脱者」に着目する点でPDアプローチは大きく異なっているのです。どちらが実践し行動に移しやすいのかは一目瞭然でしょう。

関係性に着目する

ＰＤアプローチが有効なのは、技術的な問題というよりも、Ｗｈａｔの内容は明確だけれども、Ｈｏｗの部分で問題があり、うまく行動に移せないという適応問題にあります。この適応問題に対処するための仕組みとして、本章ではＰＤアプローチを取り上げていることになります。

そのためには、次の２段階のアプローチが必要になります。

第１段階：「凡人の逸脱者」を社内で抽出する
第２段階：その行動特性を明らかにする

このなかで第２段階の行動特性のことをＰＤ行動と呼びます。ＰＤアプローチとは、このＰＤ行動を識別し、それを社内で普及させることによって成果をあげていくことなのです。

このプロセスのなかで、最初のＷｈａｔが変更されるということは生じ得ます。ベトナムの栄養改善プログラムでいえば、補助食品を無償で配布するというプログラムがベトナム政府の反対で実行不可能となったため、ＰＤアプローチをとることで、それに代わりうるＷｈａｔが策定されました。

この場合、当初のＷｈａｔの適応問題を取り上げるなかで新たなＷｈａｔを発見していったことになります。その意味では、ＷｈａｔとＨｏｗは独立ではなく密接に関連しており、Ｈｏｗを考えるなかでＷｈａｔ自体も変容していくということも考えられます。

したがって、行動の仕組み化としてのＰＤアプローチは、同時に観察・情勢判断の仕組みにもなりうるという点をここでもう一度確認しておきたいと思います。そのうえで、適応問題に焦点をしぼり、それが解決されやすい領域についてさらに検討することにしましょう。

適応問題は、Ｗｈａｔにかかわる技術的問題とは一応は区別されます。適応問題は、因果関係を特定したり、ロジカルシンキングで問題構造を明らかにすることで解決されるものではありません。

行動はあくまでも人間が行うものであり、技術や論理ではなく、人間関係や感情、心理が大きく影響することになるからです。特に、行動主体の関係性という視点は重要になります。ここでいう関係性とは、人間関係のことです。

企業経営から少し離れることになりますが、臨床心理学の領域に家族療法というものがあります。これは、クライアントのかかえる問題を、その人個人のものとしてとらえるのではなく、周りの環境、特に家族との関係性の問題としてとらえるという考え方です。

家族の人間関係では、直線的な因果関係が成立することは少なく、いわゆる「円環的因果律」が成立します。たとえば、子どもの言動が親の行動に影響を与えるだけでなく、その親の行動が逆に子どもの言動を強化していることがあります。

家族療法では、このような「円環的因果律」を識別し、適切に介入していくことで問題の解決を試みます。

円環的ということは、究極的な原因はないということを意味します。親子関係の例でいえば、親と子のどちらも原因であり結果にもなります。そのような関係性に着目し、セラピストは解決志向的にその関係性に介入していきます。いろんな人を巻き込むために解決は逆に早くなり、このアプローチはブリーフセラピーと呼ばれることもあります。

企業組織でも、この関係性は重要です。経営学では、「人間関係論」という考え方がかつて一世を風靡《ふうび》していたことがあります。これは、組織の生産性や個人のモチベーションは、職場の人間関係によって規定されるという考え方です。

この人間関係は、必ずしも組織図で規定される関係性に限定されるものではありません。

この場合の関係性とは、いわば「仲間」のことで、人間関係論は、職場の仲間の人間関係が円滑であれば、生産性は上がっていくと主張します。

これは学校をイメージすればわかりやすいでしょう。学校のクラスや所属しているクラブなどで仲良しグループが形成されます。この仲良しグループの人間関係がうまくいっていれば、学校生活は充実したものになる一方、人間関係が悪化すれば、学校は一気に面白くないものになります。

したがって、学校の成績や学習意欲は、個人の努力とか資質だけでなく、このような仲良しグループの人間関係によっても規定されることになるのです。

事例 アサヒビールのフレッシュマネジメント

行動すべき内容が実践されないという適応問題が生じた場合、まずは対象となる関係者の人間関係を調べてみることが必要になります。その人間関係は、職場の仲間かもしれないし、家族や顧客かもしれません。人間関係は組織のなかに限定されるわけではない点に注意が必要です。

このような適応問題に直面して対応したというよりも、適応問題が生じることを事前に見越して、それに対処した例として、アサヒビールのフレッシュマネジメントを取り上げることができます。

フレッシュマネジメントとは、１９８０年代半ばに発売されたスーパードライの販促活動の一環として行われたものです。スーパードライの訴求ポイントは鮮度であり、従来のビールが「コク」を売りにしていたのに対し、「キレ」を訴求した点に大きな特徴がありました。

この鮮度を重視したスーパードライを売り出すためには、当然ながら小売現場で新鮮なスーパードライが売られている必要があったのです。

そこでアサヒビールでは、フレッシュレディというパートタイマーの部隊を組織し、各小売店舗を訪問し、古い商品はすべて破棄するように説得して回ったのです。ここで重要なのは、正社員ではなく、パートタイマーを採用したという点です。その理由は、正社員は必ずしも正確な情報を報告しないからです。

正社員の場合、出世の問題がからむため、上司にとって耳障りな情報はあえて報告しないという場合が多いでしょう。また、その地区を担当している営業マンの顔をつぶすことにもなりかねません。都合の悪い情報は隠し、都合の良い情報だけを伝えるというのは、官民を問わず世の中に共通して見られる現象なのかもしれません。

これは本人の問題というよりも、都合の悪い情報を報告するインセンティブが適切に設計されていないという問題です。

アサヒビールでは、フレッシュレディが出向く小売現場での正確な情報こそが重要だと考え、都合の悪い情報をあえて報告しないというインセンティブの働かないパートタイムの女性を採用したのです。

なぜならば、パートタイムであれば出世の問題がからまず、現場の情報をありのままに報告するのに何ら差し障りはないからです。そして、これらのフレッシュレディに電子手帳を配布し、現場情報を報告させるようにしたのです。

このように現場情報を伝達するという行動は、正社員に対しては適応問題が生じることになります。この場合は上司や担当営業マンとの関係性が障壁になります。そのような問題を見越して、正社員ではなくパートタイムの従業員にフレッシュマネジメントの実働部隊として委託したのです。


PDアプローチでは、このような適応問題を取り上げることが多くなっています。技術問題については、原因追求により問題を特定し、それで問題を解決すれば事足ります。しかし、適応問題の場合、「関係性」がからんでくるため、「凡人の逸脱者」を見つけ出し、かれらのＰＤ行動を識別していくことが肝要です。

ジェネンテックの例でいえば、医師や看護師との関係性において、静脈注射の仕方をレクチャーし、事務員には保険手続のやり方を指導するということで適応問題を解決することができていたのです。

体験を通じた納得が習慣となる

半径５メートルの思考

昔話にネズミの嫁入り、という物語があります。おそらく多くの人が一度は聞いたことがあるのではないでしょうか。

ネズミの老夫婦に年頃の娘がおり、大切に育てた娘はどうせなら日本一の婿をもらわなければいけないと考えました。

この世で一番偉いのは太陽だろうと思い、太陽のところで、娘を嫁にもらってくれないかと尋ねます。すると太陽は、「大変ありがたい話だが、どうしても私が勝てないのがいる。それは雲だ。日の光を注いでも雲に邪魔されればどうしようもない」と答えました。

次に、雲のところに行くと、雲は、「風に吹かれるとどうしようもないので、風には勝てない」と言いました。次に、風のところに行くと、風は「そこにある壁にはどうしても勝てない」となり、最後に壁のところに行くと、「ネズミには勝てない、ネズミに穴を開けられるとどうしようもない」と告げられました。その結果、隣に住むちゅう助と結婚したという話です。

この話の教訓として私が最も重要だと思うものは、「答えを外に求めてはいけない」ということです。禅でいえば、仏性を外に求めるのではなく、それは自分の心そのものであることに気づく、ということでしょうか。チルチルとミチルが幸福を呼び込む青い鳥を探し求めて旅に出たが見つからず、家に帰ると飼っている茶色の鳥が青い鳥に変わっていたように、答えは常に身近なところにあります。

PD行動の識別も同じです。組織の外にある最善のベストプラクティスを追い求めるのではなく、この身近なところで答えを探すという思考の癖は、「半径5メートル以内の思考」、と呼ぶことができます。10メートルでも構いません。要するに、「身近なところに答えが転がっている」ということです。

にもかかわらず、私たちは答えを内ではなく、外に求めようとします。外に答えがツールとして用意されており、それを活用することで高い効果が得られるのではと期待します。しかし、残念ながらそれは幻想です。即効性の高いことは揮発性も高いのです。

ツールというのは、言い換えると道具のことです。音読みすると「ドーグ」です。ドーグ以上に重要なのは、そこから濁点を除いた「トーク」、すなわち考え方です。

しかし、ツールを装い濁点がそこに付くと、このトークは見えにくくなり、ドーグだけが強調されます。けれども、ドーグだけで人生が変わったという経験をした人がいったいどれだけいるでしょうか。

一方、ドーグではなくトーク、すなわち、考え方、思想に触れることで私たちは触発され、モノの考え方が劇的に変わるということはあり得ます。聖書のマタイ福音書にも「人はパンのみにて生くるものにあらず。神の口より出づるすべてのことばによる」と書かれています。つまり、人間は食物だけではなく、神の「言葉」をも食し、それが生きる糧になっているということです。

トーク、すなわち考え方がなぜ重要なのかと言えば、考え方に触れることで自分の身近なことに新たな視点から注意を向けるようになるからです。つまり、ドーグが答えを外に求めることだとすれば、トークは自分の足元に注意を向けるのです。いわゆる禅でいう脚下照顧です。

上意下達ではなく下学上達

ただし、ＰＤ行動を社内コミュニティのなかに見つけ、それを社内で普及させようとするとき、トップダウンでやるとその効果は限定的です。

それはジェネンテックでも例外ではありませんでした。かれらはＰＤ行動から学んだことをベストプラクティスとしてトップダウンで普及させようとしたのです。その結果、一部の営業マンに受け入れられただけで終わったのです。

論語に「下学上達」という言葉があります。「下学」とは身近なところから学ぶこと、そして、それを通じて「上達」していくことです。それは「上意下達」ではありません。そうではなく、各組織メンバーが主体的に身近なところから学び、上達していくということです。学習はトップダウンでやると反発を招きやすいものです。それよりも、対象となる人たちが本当にその重要性を実感し自発的に学ぶことが大切です。

この場合、トップダウンでマニュアル化するというのは、多くの場合、効果はありません。それではトークを隠すドーグになってしまいます。

下学上達を促していくためには、まずはトークを実感してもらうことです。具体的には、PDの人たちにその行動をどのように実施しているのかをデモンストレーションしてもらい、そのうえで学習者にそれを模倣してもらうことです。

スターニン夫妻がベトナムで行ったのも、「見ること」や「聞くこと」よりも、「行うこと」を強調する2週間の栄養プログラムでした。

下学上達には、体験を通じた納得が鍵となります。納得とは、「得を納める」と書きます。一方、トップダウンの説得は、「得を説く」となります。上から目線で「説く」よりも、自らが体験を通じて「得を納める」ことのほうが重要です。

すなわち、PD行動を模倣することが、その人にとって「得である」ということを実感してもらうことが鍵となるのです。

良い面に着目し、その良さをさらに伸ばす

何か問題に直面した場合、戦略的思考、ロジカルシンキングのように、まずは「悪者探し」の分析を行い、「悪者」という観点から情勢判断をする傾向が、多くの企業に見て取

ることができます。

こうした身内の「悪者探し」という反省的なアプローチをとるのではなく、ＰＤアプローチのように良い面に着目し、その良さをさらに伸ばそうとすることのほうがはるかに効果的です。

特に、適応問題の場合、反省して原因を追及しても、円環的な関係性になっていることが多いため、有効な根本原因を特定することは難しいでしょう。また、イノベーションを目指す場合、反省ばかりしていると萎縮してしまい、失敗のリスクの高い新たな探索をしようという意欲をそぐことにもなります。

上述のように、クリステンセンの起業家研究では、発見力リーダーはあら捜し、反省志向的人間ではなく、反省はそこそこにしておいて、それよりもチャンスを探す楽観的タイプであることが明らかにされています。

幅広い探索を奨励するというのが共通点です。失敗を反省し悪い点を探すのではなく、良い点やチャンスを探すこと。むしろ、「反省なんてくそくらえ！」と開き直るぐらいの気概が必要です。

そしてそこから「下学上達」していくこと、これがＯＯＤＡを回すプロセスにおいて重要です。

このアプローチでは、失敗でさえ反省材料としてとらえるのではなく、それをチャンスととらえます。このような楽観的アプローチが、PDアプローチに他ならず、OODAを高速で回すことにつながるのです。

最優先課題を明らかにして遵守する

タテマエと実態との乖離

ここまではPDアプローチを中心に「行動の仕組み化」についてみてきました。ここでいう行動の仕組み化とは、適応問題に直面し、観察・情勢判断から行動に移す際、それを実践できない場合の対処方法のことでした。

つまり、適応問題に直面した場合、「社内の凡人の逸脱者」およびそのPD行動を識別し、その普及を下学上達によって促進するということです。

したがって、PDを識別し、その行動特性を体系的に調査する仕組みを整えておくことが重要になります。そのためには、ハイパフォーマーではなく、逆境のなかで満足のいくパフォーマンスを達成している身近な人たちに着目することが求められます。

私たちはどちらかといえば組織の内部といえども、ハイパフォーマーのベストプラクティスに着目する傾向があります。経営学の研究などは、まさにベストプラクティスの研究がその大半を占めていると思います。このような考え方から脱却する必要があるのです。

そのうえで、行動が実践されない適応問題の場合ではなく、行動そのものの仕組み化として「優先順位の徹底とその評価」について指摘しておきたいと思います。これは、最優先すべき課題を明らかにし、その優先度を遵守するということです。

たとえば、「お客様は神様です」という言葉があります。しかし、この言葉は必ずしもお客様第一主義ということを意味しません。なぜなら、日本人の信仰は、そもそも自分勝手なものが多いからです。つまり、特定の信仰様式にのっとったかたちで神に接しているのではなく、自分のライフスタイルに合ったかたちで神に接している日本人がほとんどでしょう。

だから、クリスマスにはケーキで祝い、初詣には神社参りをし、お盆にはお墓参りを何の疑問もなく行っているのです。「お客様は神様です」という場合、日本人の感覚からすると、自分の都合で神様に接するということも意味し得るのです。

お客様第一という言葉は、日本企業の9割以上が経営理念として使っています。しかし、これをどこまで真摯にとらえられているのかといえば、多くの企業では十分ではないという結論になるのではないでしょうか。

ある企業では、社内調査でお客様第一主義がどのくらい実践できているのかを評価したところ、自分が所属する部署の自己評価では高い点数になっているのに対し、他部署からの評価では低くなっているという結果が明らかになりました。つまり、自分ではお客様第一主義を実践できていると思っていたとしても、他部署からはそのようには思われていないということでした。

営業の例を取り上げれば、これはお客様第一主義といいながら、実際には自社の都合を売りつけているにすぎないことを意味するのかもしれません。つまり、顧客の立場に立つことが必ずしもできておらず、実際には売上やノルマ達成が重視されているということです。

事例　ウォルマート、BMW、GEの価値基準

それは顧客からのクレームにどのように対処するのかを見ればわかります。クレームを

真摯に受け止め、定期的に役員を交えた会議で取り上げ議論されているのかどうか、あるいはお客様相談センターがあったとすれば、そこにどのくらいトップが足を運んでいるのかということです。これらは実際にＫＰＩ（重要業績指標）となり得ます。このような指標を見れば、タテマエと実態との乖離が明らかになります。

実際、お客様といっても常に正しいとは限らず、わがままも間違ったことも言うこともあるでしょう。そのため、お客様の声をすべて取り上げなければならないというわけでは必ずしもありません。

しかし、可能なかぎりお客様の声を聴くということを重視したウォルマートのような事例もあります。お客様第一主義を最優先で追求し、それに矛盾しない範囲のなかで、他の価値基準、たとえば、コスト削減、従業員満足度向上などの改善に取り組んでいるのです。

ＢＭＷのように、お客様の声を聴いているのではわれわれのアイデンティティは確立されないと考える企業もあります。メーカーとしての伝統や歴史こそ最優先で遵守すべきであり、顧客に迎合することがあってはいけないという考え方です。

もし、それを最優先課題としているのでしたら、それと整合的なかたちで経営を行うべきでしょう。最も避けなければならないのは、異なった価値基準の間で右往左往することで、軸がブレてしまうことです。

行動の仕組み化として最も重要なのは、このような価値基準の優先順位を明確化することであり、さらにいえば、その価値基準に従った測定や評価を定期的に行うことです。

ゼネラル・エレクトリック（GE）の場合、GEバリューというものを重視しています。直属の上司による人事評価は、パフォーマンスとバリューという2つの基準に依拠して行われます。

この両者で期待水準を超えている場合、ロールモデルと呼ばれ、全従業員の10％を占めています。そして、そのうち一方が期待以上であり、他方が期待レベルである場合はエクセレントと呼ばれ、全従業員の15〜25％を占めています。

GEの人材育成は、これらのロールモデル、エクセレントという人たちをいかにして育てていくかに重点がおかれています。

したがって、ロールモデル、エクセレントとして評価されるためには、業績だけではなく、ＧＥバリューに従った行動をとっているかどうかも重要な指標となるのです。そのことによって、価値の優先順位に従った行動を実践に移すためのインセンティブが与えられているのです。

第6章

OODAマネジメントの事例研究

なぜOODAを導入できないのか

本書では、組織としてOODAループを高速で回す「OODAマネジメント」の仕組み化について議論してきました。

しかし、第2章でも指摘したように、OODAがPDCAにとって代わるべきと主張しているのではありません。予測可能性が高い領域では、PDCAは有効です。あるいは、ミッション・レベル、予算レベルではPDCAを回していくことが適切です。というのは、これらの場合、信頼性の高い計画を立てることができるからです。

ただし、計画が膨大な「資料づくり」となり、それ自体が目的になりやすいということには注意が必要です。この場合は、PDCAが形骸化している可能性が高いでしょう。

しかしながら、それはPDCA自体の問題ではなく、それを有効に回せていないという問題です。たとえば、計画を策定しても、実行の結果をチェックすることがほとんどなく、年度末に形式的に計画達成度を確認しているだけという企業も多いと思います。その場合、PDCAを回せているとはいえません。

このとき、PDCAをOODAで代替すべきかといえば、それはケースバイケースです。

ＰＤＣＡを回すことが有効な領域であれば、ＰＤＣＡを採用すべきでしょう。特に重要なのは、不確実性が高いかどうか、業務が定型的なのか非定型的なのかという基準です。

工場の場合であれば、生産計画は絶対であり、その計画のもとでいかにして生産スピードや生産効率を高めていくのかが重要になります。決められた工程のなかで、コスト削減、生産性向上を実現するにはＰＤＣＡが重要な役割を果たします。

一方、営業現場やマーケティング活動、開発現場などでは、非定型的な業務の比率が高く、現場で即時対応が求められます。ＯＯＤＡが有効なのは、このような領域です。生産現場でも、異常事態への対応といったケースでは、ＯＯＤＡが効果的になるでしょう。

しかしながら、ＯＯＤＡが有効であったとしても、その導入がさまざまな障害により定着していないというケースは多いといえます。

そもそもＯＯＤＡについては、「名前は聞いたことはあるが、それが何なのかよく知らない」という声は大きいようです。たとえば、ＩＴスキル研究フォーラムが実施したＤＸ（デジタルトランスフォーメーション）実態調査によると、ＤＸ推進に関する12項目のうち、ＯＯＤＡの取り組みが最も低いことが明らかにされています[25]。

ＤＸ推進には、ＰＤＣＡではなくＯＯＤＡが重要な役割を果たします。しかし大半の企業は、そもそもＯＯＤＡに対する理解がなく、それを推進しようという動きにはなっていない実態が浮かび上がってきます。なかには、ＯＯＤＡの導入に対して真剣に取り組もうというところもあります。しかし、残念ながらいくつかの障害があるため、それが遅々として進まないことも少なくありません。

以下では、神戸大学で私の授業を受講していたＭＢＡ生が報告してくれたいくつかの事例を紹介しつつ、導入や運用上の問題について考えていくことにしましょう。

なお、かれらの希望により、企業名は伏せています。企業名を明記した事例も記載していますが、それは私自身のヒアリング調査および二次データにもとづいたものであり、ＭＢＡ生の報告とは別物であることをお断りしておきます。

失敗事例① Ａ社の矛盾したミッション

「利益最大化」と「在庫最小化」

まず、エレクトロニクス業界でグローバル展開しているＡ社のケースを取り上げましょう。同社にはOODAループは存在していません。その一番大きな要因となっているのが、ミッションのトレード・オフです。

同社では、「利益最大化」と「在庫最小化」という2つのミッションを掲げています。ここでいう利益とは、現地で販売を担当する地域統括会社が、顧客との商談で決定する価格と、事前に設定された生産事業部からの仕入れ価格との差額のことを意味します。

このような場合、生産部門と販売部門は対立することが予想されます。たとえば、海外の地域統括会社は、変動する市況価格のなかで利益をできるだけ多く確保しようとして、生産や部材調達の調整はギリギリまで先延ばしする傾向があります。

後者の調整が遅れれば、納期遅延や在庫が不安定化することになります。その結果、生産計画の変更が頻繁に生じることになり、生産量がイレギュラーで増加した場合、サプライヤーに対して同様にイレギュラーな対応を依頼することになります。

実際、同社では、部材供給の見通しが立たないなかで顧客との商談を現地で進め、顧

(25) ITスキル研究フォーラム「DXの実態、技術者・経営層1500人調査」日経クロステック、2019年12月25日

客と合意した納期の遅延が生じることもめずらしくないようです。

グローバル展開するなかで変化の激しい市場ニーズに即応するためには、現場情報を重視したOODAを回すことが必要になります。しかし、A社の場合、生産計画、販売計画はPDCAのなかで策定されており、PDCAのサイクル・タイムと市場変化のタイムスパンとの間に大きな乖離が生じています。

そのため、事業部長とマーケティング本部長とのトップレベルでの会議の際に未確定要素が多く、そこで生産計画と販売計画の調整が行われているものの、その調整が実効性のあるものになっていないのです。

図6-1　A社の組織図

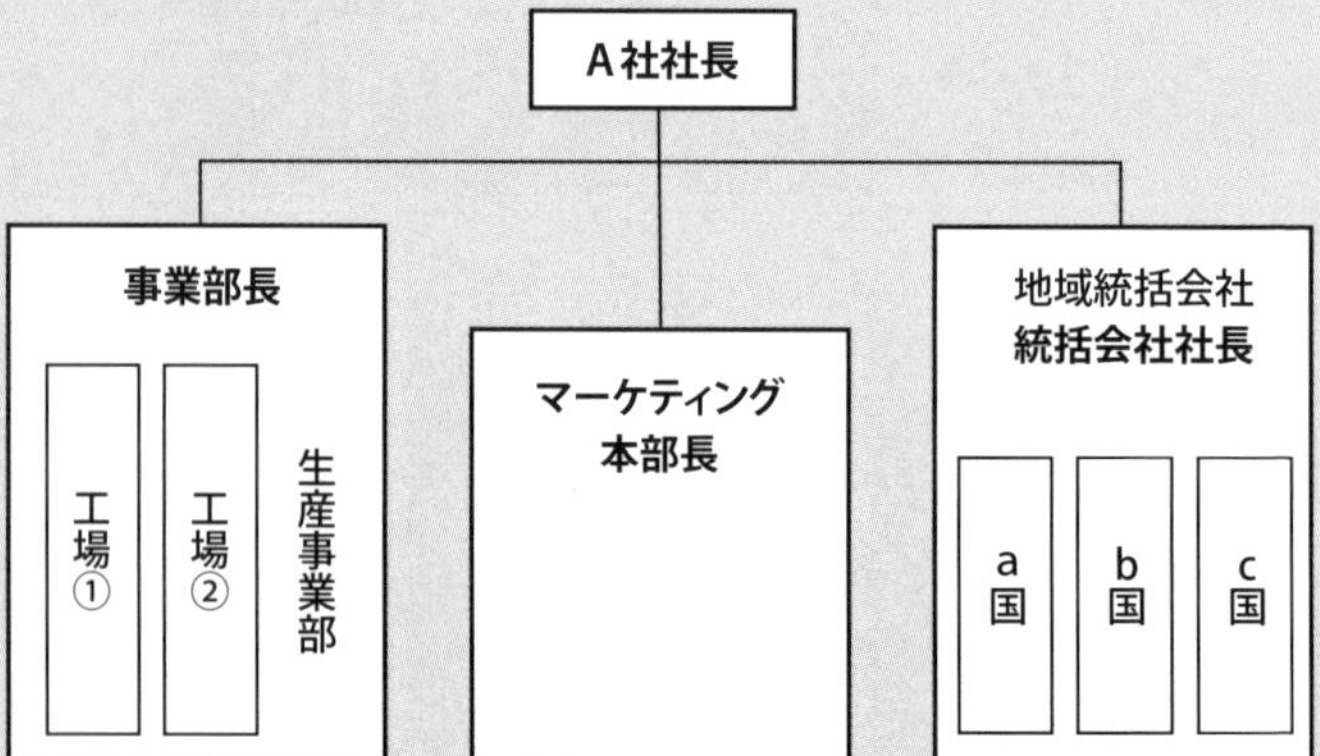

ＯＯＤＡの枠組みでいえば、まず何を「観察」するのかという点で、地域統括会社と生産事業部との間で乖離があり、その時点で調整の問題が生じています。

具体的には、地域統括会社が、生産能力や在庫状況を把握しながら商談を進めるということをしていないのです。一方、生産事業部では、在庫状況やサプライヤーの納品実績を重視し、現地での顧客ニーズの変動については観察されていません。

そのため、トップ会談における「情勢判断」に統一性がとれず、暫定的に合意されたとしても、市場変化に応じて最終的には大幅に変更されることになり、納期遵守ができなくなるリスクが高まっているのです。

改善　最上位のミッションを定義する

A社に必要なのは、ミッション・レベルでの優先順位を明確化し、それにもとづいた評価体系を構築することです。たとえば、「利益最大化」「在庫最小化」という2つのミッションは、どちらかといえば自社の都合を体現したものです。そこに顧客価値を最大化するという視点はぼやけてしまっています。これはお客様第一主義といいながら、売上第一主義になっているのと同じです。

まずは最上位にくるべきミッションを定義することから始める必要があります。各部門間での対立は、この上位のミッションによって解決すべきです。たとえば、トヨタの場合、「受注から納車までの時間の短縮化」が具体的なミッションとして与えられており、関連部門間の対立・調整は、この時間の短縮化にどの程度貢献するのかという観点から決定されています。

A社についても、このような具体的なミッションを定義し、それにどの程度貢献できるのかという観点から、「利益最大化」「在庫最小化」のどちらをその時点で優先すべきかについて、臨機応変に決定していくべきです。

具体的には、同社がターゲットとする「顧客満足度」を指標化し、それを「利益最大化」「在庫最小化」というミッションよりも上位の価値基準として設定することが求められるでしょう。

このような上位ミッションが設定されれば、次に必要なのは、「観察の仕組み化」「情勢判断の仕組み化」「行動の仕組み化」です。

本書で繰り返し指摘したように、行き当たりばったりのOODAではなく、不確実性を想定内化した「OODAマネジメント」の仕組み化が求められているのです。

Ａ社の場合、ＰＤＣＡで現場の不確実性に対処しようとしているため、結果として、それが回らず、行き当たりばったりの、不完全なＯＯＤＡになってしまっているのが問題なのです。

失敗事例②　Ｂ社のトップダウン経営

マイクロマネジメント

ＯＯＤＡループの導入がうまくいっていない別の例として、フィルムメーカーＢ社のケースを取り上げてみましょう。

この業界は、製品改良のスピードが速く、顧客ニーズに合わせて仕様を変えていかなければ競争に打ち勝つことができないという特徴があります。最終ユーザーは中国企業のセットメーカーが多いため、需要予測が難しく、しかも値下げ要求も強い状況になっています。

領域的にはOODAが適用されるべきところですが、B社ではそれがなかなか実行されていません。OODAに対する理解はあるものの、問題点としては、図6-2に示されているようなものが指摘されました。

まず「観察」については、従業員が外部環境を局所的にしか観察できていないということ、観察のフィードフォワードや、上司からのフィードバックがない点があげられています。

つまり、何を観察すべきかについて従業員に一任されており、その指導も行われていない一方、従業員側では観察の工夫がみられないということです。本書の観点からいえば、「観察の仕組み化」が行われていないという点に問題がありそうです。

次に、「情勢判断」については、「判断」ではなく「反応」になっており、過去の学習が継承されておらず、部門間での連携も欠如しています。その結果、効果的な情勢判断が難しくなっています。

「意思決定」の部分では、トップダウンが強く、権限委譲がなされていないため、現場での意思決定ができていない点が指摘されています。また、トップは情勢判断ができていないため、可能性を指摘するだけで決断ができていない点があげられています。その結果、重要なことは決定されず、それが「行動」にも悪影響を与えています。

B社にとっては、PDCAをトップダウンで回すのは適していますが、OODAを回すには大きな改革が必要であることが示唆されます。なかでも大きな障害になっているのがトップの姿勢です。

トップは「すべて把握したい」「失敗したくない」という気持ちが非常に強いため、自分の決定を飛ばして行動に移ることを拒否する

図6-2　B社の問題点

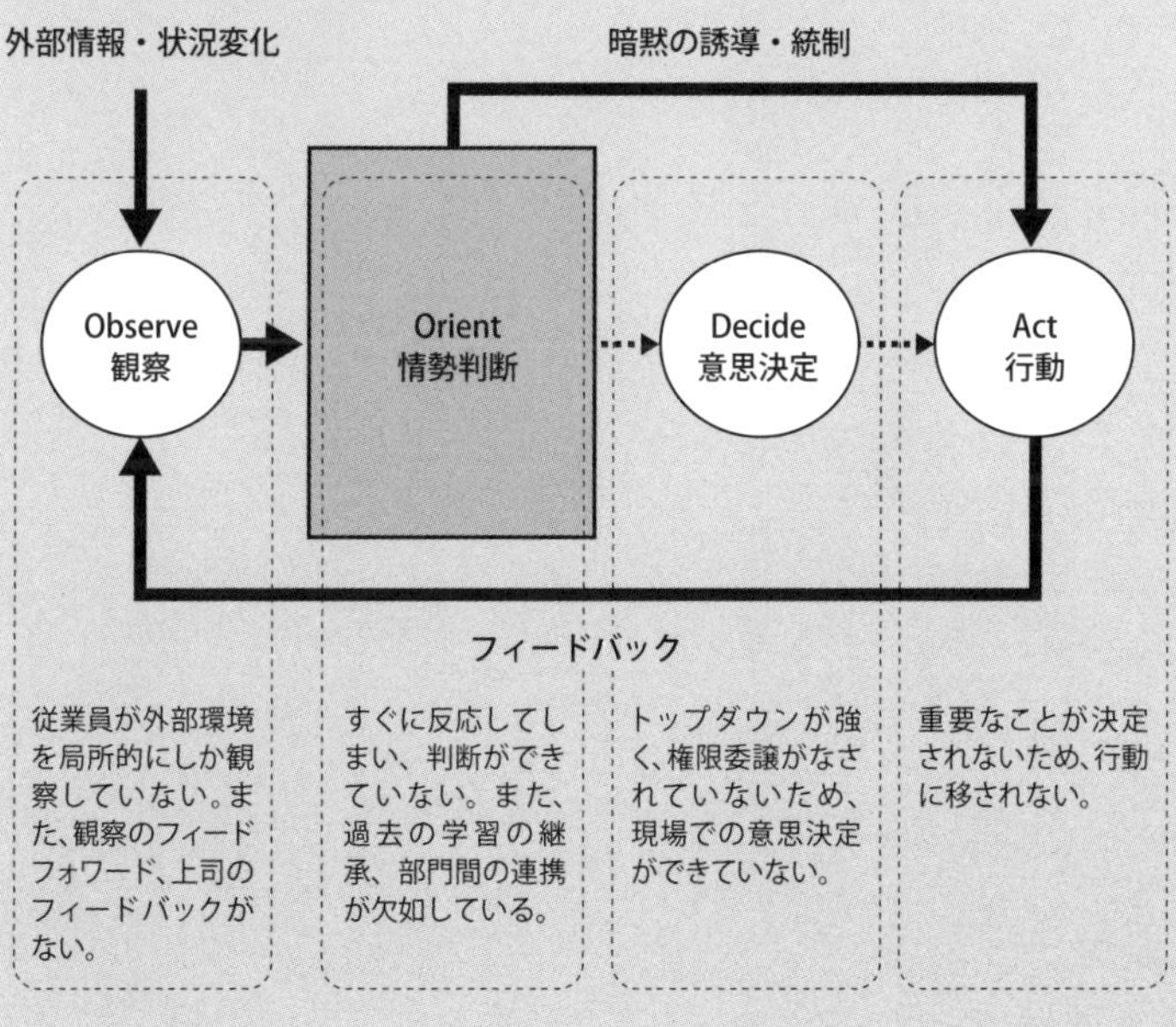
外部情報・状況変化
暗黙の誘導・統制
Observe
観察
Orient
情勢判断
Decide
意思決定
Act
行動
フィードバック
従業員が外部環境を局所的にしか観察していない。また、観察のフィードフォワード、上司のフィードバックがない。
すぐに反応してしまい、判断ができていない。また、過去の学習の継承、部門間の連携が欠如している。
トップダウンが強く、権限委譲がなされていないため、現場での意思決定ができていない。
重要なことが決定されないため、行動に移されない。

傾向が強く、また自ら決断せずに現場に差し戻すことも多いようです。その結果、ＯＯＤＡは回っていかないのです。

これはいわゆる「マイクロマネジメント」と呼ばれる現象です。つまり、細かなことまですべて自分で決定しようとする管理者の経営スタイルのことです。つまり、権限委譲されなければ、現場では何も決めずに社長決裁に上げられます。仮に現場で決定したとしても、後で社長に覆されるからです。

改善 権限を現場に委譲する

ここで重要なのは、「ミッション経営」を取り入れることです。つまり、トップはタスク型命令を下すのではなくミッション型命令に切り替え、権限委譲をしていくことです。まずはこの点を改めないかぎり、ＯＯＤＡを導入することは難しいといえます。

そのうえで「観察の仕組み化」が求められます。何を観察すべきなのか、いかにして情報を獲得するのかについて、関係者を集めて仕組み化していくことが求められます。

この「ミッション経営」および「観察の仕組み化」から手をつけていくべきでしょう。

あるいは代替的な方法として、ＰＤアプローチをとり、社内の「凡人の逸脱者」の行動特性を識別し、それを社内に普及させていくという方法も考えられます。

しかし、トップのマイクロマネジメントがあるかぎり、その効果は限定的でしょう。このＰＤアプローチは、「ミッション経営」「観察の仕組み化」の後に、必要ならば取り組むべき課題だと考えられます。

成功事例①　C社のマイルストーン経営

ミッション達成度のみを管理

次にＯＯＤＡループが比較的うまく導入されているケースについて取り上げてみましょう。ヘルス事業に取り組んでいるC社の製品開発部門の事例です。

同社の製品開発プロセスは、図6-3に示されているように、3つのフェーズから構成されています。第1フェーズは市場調査→情報分析→構想化戦略会議という流れで組織されています。第2フェーズは技術開発→製品開発、第3フェーズは製造→販売となります。

これらの3つのフェーズは、フェーズごとに進捗状況をチェックするステージゲートによって管理されています。ステージゲートは多くの企業で採用されているもので、マイルストーン管理と呼ばれることもあります。

これは一種のミッション経営の実践だととらえることができます。つまり、各フェーズでの業務内容の中身についてコントロールするのではなく、所定の期限や段階において、出てきた成果を評価し、

図6-3　C社の製品開発の流れ

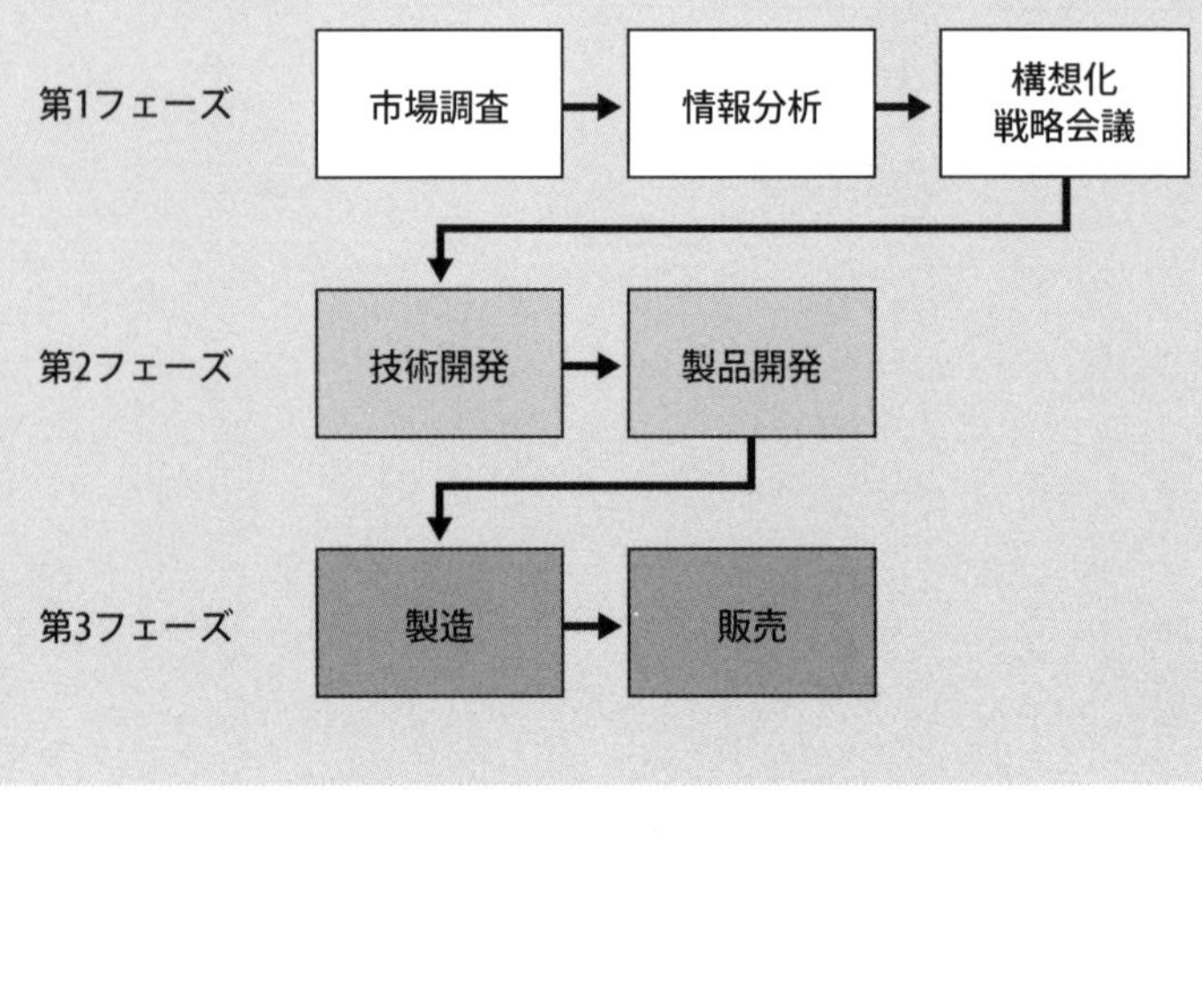

次の段階に進めるべきかどうかを検討するものです。言い換えると、ミッション達成度のみを管理しているのであって、プロジェクトの具体的な中身をコントロールしているわけではないのです。

同社の場合、OODAは個々のフェーズのなかで導入されています。第1フェーズではOODAを高速で回転させ、その過程で得られた洗練されたアイデアやプロジェクトのみを第2フェーズへと引き継いでいきます。それによって、第2フェーズに移行したプロジェクトが途中で中止されることはあっても、第1フェーズに逆戻りすることはなく、効率的な製品開発が行われています。

この業界では競合企業同士の製品開発競争が激しく、スピードが重視されています。それに加え、顧客のニーズも変化しやすいため、正確で素早いニーズの把握、製品化が求められます。そのため、第1フェーズでは幅広い事項が検討対象となり、第2フェーズへと引き渡されるのに比較的時間を要するというデメリットも指摘されています。

その結果、第1フェーズでOODAを回している間に市場環境が激変してしまうということも多々生じているようです。

改良　コンカレント・エンジニアリングを導入する

この製品開発プロセスをさらに進化させていくためには、いわゆる「コンカレント・エンジニアリング」と呼ばれる制度を導入する必要があるでしょう。つまり、第1フェーズと第2フェーズの同期化を進めていくということです。

ただし、ここで注意しなければならないのは、同期化を進めるなかで、第1フェーズと第2フェーズを統合した高次のレベルでのOODAを回すための仕組みを同時に導入することです。つまり、この場合のOODAは、フェーズごとでのOODAと、各フェーズを統括したOODAを同時に進展させるのです。

具体的には、第1フェーズで「洗練されたアイデア」のみを第2フェーズに伝えるだけではなく、まだ十分に練られていない「ジャスト・アイデア」についてもいくつかの候補を伝えるということです。

第2フェーズでは、そのような「ジャスト・アイデア」についても第1フェーズと連携しつつ製品化を進めていくプロジェクトに着手することが必要です。

これは、従来のフェーズごとのOODAを廃止するということではありません。それはそれで機能しているため、そこは従来通りに運用しつつ、「ジャスト・アイデア」を起点とするプロジェクトをフェーズ横断的にマネジメントしていく高次のＯＯＤＡを新たに加えるということです。

もちろん、すべての「ジャスト・アイデア」をこのようなフェーズ横断的ＯＯＤＡの対象にするわけではありません。数多くの「ジャスト・アイデア」のなかから選別が必要になります。これはすでに議論した「起承完結モデル」で言えば、「起」に当たる部分になり、これを担当する人の目利き能力、すなわち「情勢判断」における直観的判断力が問われることになります。

そのためには、「情勢判断の仕組み化」や、「起承完結モデル」のなかで「完結」を経験させた後に、適任者に「起承」を担当してもらうというキャリアパスを設定することなどで対処することになるでしょう。

しかし重要なのは、このような施策は、イノベーション確率を高めることになりますが、その確率が１００％になることはあり得ないということです。おそらく多くのメーカーで第１フェーズから始めて新製品として上市されるまでの確率は３割以下だと思います。それらがヒットする確率をとれば、さらに低い数値になるでしょう。

しかし、この成功確率の数％の相違が大きな結果の違いとなって現れてきます。それは、プロ野球の世界で打率が2割5分から3割に変わるだけで年収やチームでの立場が全く変わってくるというのと同様です。

つまり、失敗しないということはあり得ません。いかにOODAマネジメントを進化させたとして、失敗は不可避です。さらに言えば、われわれは失敗を通じて誤りを排除し、それによってのみ、進化し学習していくことができるのです。

成功事例② アイリスオーヤマの新商品開発会議

現場に責任をとらせない

強力なトップダウンでトップ自らが介入しているにもかかわらず、それによって逆に従業員の自発性を引き出すとともに使命の浸透に成功し、OODAを高速で回すことに成功している事例として、アイリスオーヤマの新商品開発会議を取り上げることができます。

同社は、家電、収納家具、インテリア、園芸品などユニークな商品を開発し、ホームセンターを中心に販売しています。年間1000種類程度の新商品を開発し、ヒット率は6割にものぼるといいます。

この驚異的な製品開発力やヒット率を支えているのが、毎週月曜日に仙台本社で実施される新商品開発会議です。この会議では、毎回70件程度の新商品のプレゼンテーションが社長の前で行われます。

新商品の採用率は3割以下であり、社長との厳しい質疑応答の末、社長自らが商品化を進めるかどうかを即決する仕組みになっています。

社長決裁ということはすべての責任は社長が取るということです。たとえ発売された新商品が売れなかったとしても、それは担当者の責任ではなく、社長自らの責任となります。ここのところが稟議での意思決定と大きく異なります。

稟議とはいわば責任の分散であり、特定の個人に結果責任が問われることはありませんん。しかし、アイリスオーヤマの新商品開発における社長決裁は、稟議ではなく社長一人の決裁になっているのです。

そのため、担当者はリスクを心配することなく積極的に提案することができます。逆説的ではありますが、トップがすべて責任を負う即断即決があるからこそ、従業員の自発性を引き出すことができているのです。ここでのポイントは、失敗の責任を部下に負わせないという点にあります。

ただし、トップダウンといっても、ただ提案された案の商品化を進めるか否かに関する決断であり、それ以降の具体的な進め方などは担当者に一任されている点に注意しなければならないでしょう。

つまり、これはタスク型命令ではなくミッション型命令なのです。その結果、このシステムはミッション経営そのものになっています。あるいは、ステージゲートの変形と解釈することもできます。

そこでは、トップは毎回の会議で各チームにミッションを命令しているのであり、そのミッションをどのように達成するのかはチームメンバーに委託されています。

また、各チームが業務を進めていく際、社長の即断即決であるため、関係部署への根回しは不要です。「事前に説明を受けていない」という理不尽な理由から商品化に際して抵抗されることもありませんし、余計な「資料づくり」も不要です。これは大きな負担減と時間の節約になっています。

同社の場合、担当取締役が現場に介入することはありません。仕事の調整や割り振りなどで問題が生じたときはマネジャーレベルで解決されます。マネジャーが介入するのは問題が生じたときのみであり、それ以外の場合は担当者に委ねられます。

つまり、権限で決定するのは新商品開発会議における社長の即断即決のみであり、それ以外の事項については極力、権限ではなく話し合いで調整されているのです。

したがって、各チームは独自に「観察」「情勢判断」「行動」というOODAを回し、その結果出てきた成果物を新商品開発会議に諮っているのです。これは、ミッション↓OODA↓ミッション達成の判断、という一連の流れを何度も繰り返しつつ、最終的に量産化のゴーサインが出される仕組みになっているのです。

注目　直観的判断力を高める仕組み

このような新商品開発会議は、使命の浸透という点でも重要な役割を果たしています。同社の新製品開発における使命とは、「ユーザーの不満解消により世界を変える」というものです。したがって、開発担当者はユーザーの不満を発見することから始めなければなりません。

そのためには自らがユーザーの視点に立ち、いまある商品のどこに問題があるのか、何が不満なのかを明らかにするという「観察」が特に重視されることになります。

ターゲットとなる不満が明らかになれば、それを解消するための「情勢判断」やその判断の是非を検証するための「行動」(実験)が行われ、満足のいく結果が得られるまで、この一連のOODAを何度も回していくことが求められます。

しかし、そのようにして周到に準備した新商品の提案も、会議で酷評され却下されることもあり得ます。「ユーザーの不満解消」と表現することはたやすいでしょう。しかし、それを実現するのは容易ではありません。新商品開発会議は、そのための貴重な実例を豊富に提供しています。

開発担当者はさまざまな提案やそれらに対する社長の反応を見ることによって、「ユーザーの不満解消」とはいかなるものなのかについて理解を深めていきます。

これは担当者の「イメージ形成」や「原初的認識」に大いに役立つものになっていると思われます。そのことによって、「直観的判断力」を高めることにもつながっているのです。

アイリスオーヤマの高いヒット率は、このようなOODAマネジメントが大きく貢献しているものと思われます。

成功事例③ 東レ・ユニクロの戦略的パートナーシップ

週次単位で対応するスピード経営

OODAループは単一の組織のなかで適用できるだけでなく、複数の組織間を跨いだ展開も可能です。東レとユニクロの戦略的パートナーシップはその実例だと考えられます。これは2006年に締結されたもので、その後、ヒートテック、シルキードライ、ウルトラライトダウン、感動パンツなどヒット商品を連発しています。

この戦略的パートナーシップは、ユニクロの柳井正社長が2000年に東レを訪問し、専門部署の設立を依頼したことが嚆矢《こうし》となっています。

その結果設立されたのが、東レのユニクロ専門部署「GO（グローバルオペレーション）事業部」（当時はGO推進室）です。柳井社長はこのパートナーシップの特徴として、「ワンカンパニー」を指摘し、次のように語っています。

「ボーイング787の機体に炭素繊維素材を提供する世界最高水準の技術を持つ東レとユニクロは、あたかもワンカンパニーのように同じ目標、同じ時間、同じ場所を共有して一緒に仕事をしている。あらゆる情報を共有し、新たな素材開発から生産、物流、マーケティング、お客さまからの声を生かした商品の改善、改良までのプロセスを一体で行っている[26]」

つまり、GO事業部がユニクロ向けの総合窓口となり、東レ社内を部門横断的に統括

図6-4　東レの組織図

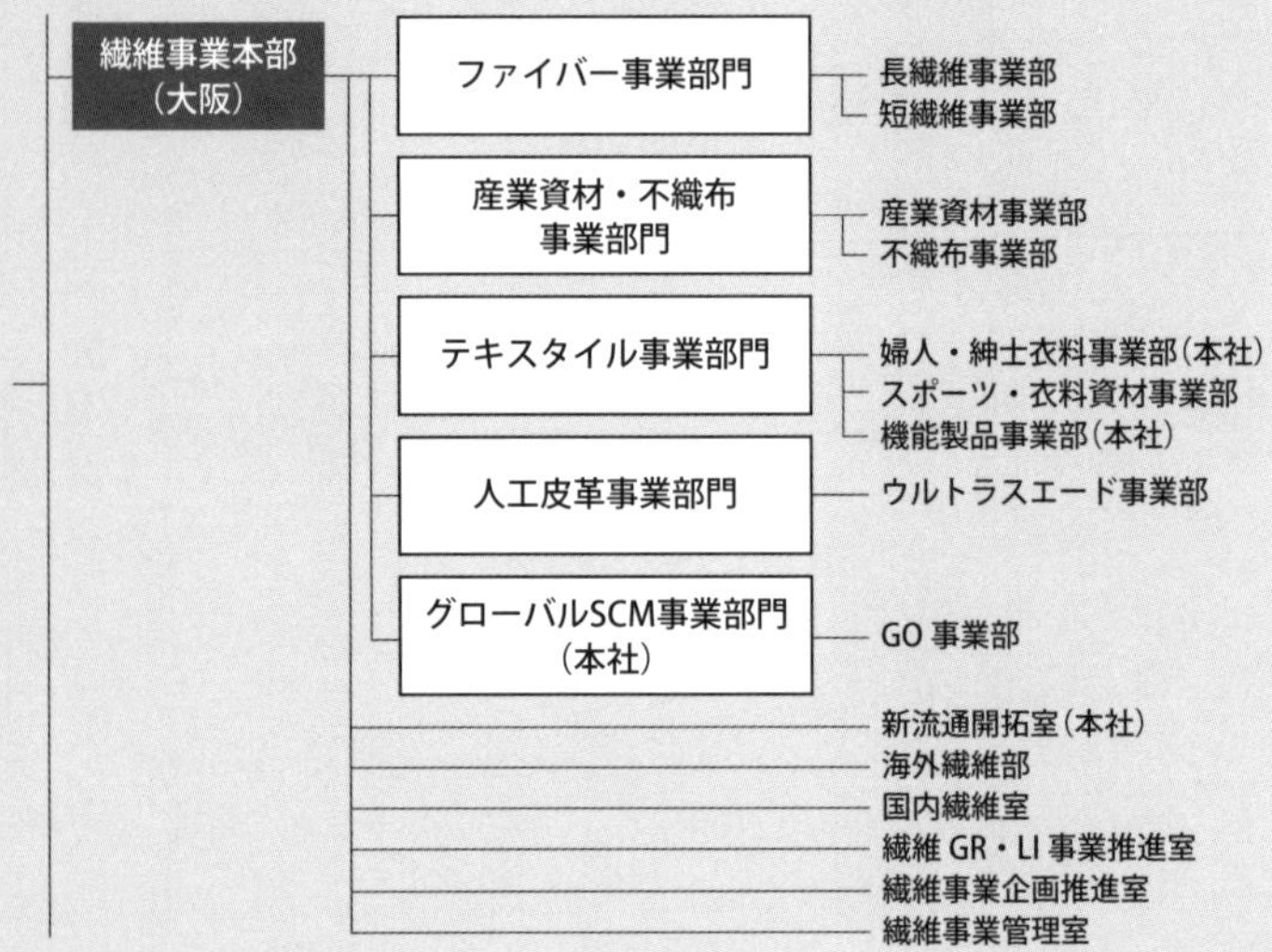

（出所）　東レのウェブサイトより引用。

し、戦略的パートナーシップ事業を推進しているのです。そこでは、ユニクロが顧客ニーズを察知し、そのニーズにもとづいた素材開発、商品開発を東レが担っています。

ここで重要になるのがスピードです。それまでは東レの生産・販売計画は月次単位で行われていたのに対し、GO事業部では週次単位での対応が求められたのです。

その結果、計画を立ててそこからPDCAを回していくというプロセスではなく、まずはユニクロからの受注を受けたうえで、それに対して即断即決で処理していくことが求められるのです。

注目

PDCAとOODAとの棲み分け

OODAを組織的に回すためには、GO事業部のリーダーシップが重要になります。GO事業部にはそのような人材を集め、ユニクロから来る要求に即座に対応できる仕組みを確立しているのです。

(26)「ユニクロ柳井社長が発した気になる言葉」商業界ONLINE、2017年10月30日もちろん、この戦略的パートナーシップのなかで計画が意味をもたないというわけではありません。東レとユニクロのトップレベルのやり取りでは、1～5年程度の中長期計画のもとでPDCAが回っています。

しかし、GO事業部を中心とした現場レベルでは、日常的にOODAが回っているのです。このPDCAとOODAとの棲み分けが、この戦略的パートナーシップにおいて重要な役割を果たしていると考えられます。

成功事例④ クロスエフェクトの心臓シミュレーター事業

時間短縮で人命救助の一端を担う

OODAループの適用事例としてアイリスオーヤマ、東レ・ユニクロという大企業を取り上げましたが、ここで中小企業の事例を考察してみたいと思います。クロスエフェクトというベンチャー企業です。

同社が世間の注目を集めているのは、心臓シミュレーターという事業です。これは心臓手術前に、患者である赤ちゃんの心臓の模型をできるだけ実物に近い形状、材質で再現し、医師が術前シミュレーションを行い、手術の成功確率を高めるために使用されます。

ここで鍵となるのが、心臓の画像データを得てから心臓シミュレーターを作製するまでの時間になります。この時間が短ければ短いほど、医師のシミュレーション回数が多くなり、結果として手術の成功確率は高まることになります。同社の掲げる使命は、画像データ受信から納期までの時間を可能なかぎり短縮化し、それによって人命救助の一端を担うことにあります。

このビジネスモデルの鍵となるのが、このスピードを軸としたミッションであり、しかもそれに赤ちゃんの命を救うという根拠が与えられている点にあります。

同社の竹田正俊社長によると、この人命救助という使命を掲げるや否や、社員の目の色が変わり、残業も厭わずに仕事に専念するようになったということです。

さらに重要なのは、成果の指標を組織の内部におくのではなく（すなわち、利益や売上など）、組織の外部におくこと、具体的には、手術の成功率を同社の重要成果指標に設定している点にあります。

これによって社会への貢献（赤ちゃんの命を救う）が焦点・方向性となり、社員が内向き志向になることを防いでいるのです。その他にも、社内の風通しをよくし、コミュニケーションや情報共有を促進することなどを実践されています。

この事業はスピードを軸とした機動戦略にもとづくものです。それを実現するためには、ＰＤＣＡサイクルというよりも、現場情報に対する柔軟かつ迅速な対応によって心臓シミュレーターの提供が可能になっているのです。

注目 規模の小さい企業でのＯＯＤＡの活用

同社では必ずしもＯＯＤＡループという言葉は使用されていません。しかし、同社のマネジメントのあり方を見聞するかぎり、ＯＯＤＡが回っているように思われます。そして、それを支える組織的要因として、リチャーズが『ＯＯＤＡ ＬＯＯＰ』で指摘している「焦点・方向性」「組織文化」「暗黙的コミュニケーション」が実践されているのです。

リチャーズは著書のなかで、トヨタやデル、サウスウエスト航空などの大企業をＯＯＤＡの事例として指摘しています。しかし、クロスエフェクトのような比較的規模の小さい企業でも、OODAは十分活用されているのです。現実には、このような比較的規模の小さなところのほうがOODAの導入は容易といえるでしょう。

大企業の場合でも、OODAを全面的に取り入れるところから始めるのではなく、現場情報との「即興演奏」が要求される領域（たとえば、マーケティングや製品開発）に限定し、そこで部分的に導入することで徐々に拡大していくボトムアップアプローチのほうが成功しやすいと思われます。

事例から学ぶ5つの教訓

【教訓①】仕組みの棚卸しと入れ替えを行う

紹介した事例からわかるように、OODAマネジメントを安定的に確立するためには、「仕組み化」が重要になります。仕組み化とは、仕組みを導入することのみを指すのではなく、既存の仕組みを撤廃することも意味します。つまり、新旧の仕組みの入れ替えこそが重要なのです。

仕組みの入れ替えがなぜ必要かといえば、それはあらゆる仕組みは形骸化する運命にあるからです。形骸化の弊害を克服するためには、仕組みの棚卸しと入れ替えが必要になります。水が同じ容器のなかに放置されて循環しなければ腐ってしまうように、制度、仕組みもまた同じ形態が維持されると形骸化する傾向が強くなります。

したがって、定期的に仕組みを見直す作業がここで必要になります。長く存続している仕組みは、形骸化している可能性が高いでしょう。それをチェックする簡単な方法は、その仕組みが上位のミッションの達成にどの程度貢献しているのかという視点から評価することです。

もし形骸化していなければ、その貢献度は高くなっているはずです。その場合、仕組みは変更すべきではないでしょう。しかし、少なくとも機能しているかそうでないのかが明確ではない場合、思い切って変更してみるのも一つの手です。つまり、仕組み自体を聖域化しないほうがよいということです。

聖域化するとすれば、それは「ミッション」「使命」であり、前章で指摘した組織のもつ価値基準の「優先順位と評価」です。評価の方法は変更または改善の余地はあるでしょうが、「優先順位」自体は容易に変更するべきものではありません。A社のようにそれがうまく機能していない場合は見直しが必要ですが、そうでないかぎりは、ここが不動点となります。

OODAループは、この不動点を達成するための手段にすぎません。本書で議論してきたOODAマネジメントの仕組み化についても同様です。ミッション、使命達成のためには、あらゆる仕組みは定期的な見直しの対象になるべきなのです。

ただし、制度や仕組みの目的は、ただ単に業務を効率的に遂行することにのみあるわけではありません。それらに隠された重要な別の目的がある場合もあります。たとえば、朝礼や儀式などは、組織のもつ使命や一体感を実感し、思い起こす効果をもちます。見かけ上はいかに形骸化しているようでも、それを行うことで組織メンバーは気持ちを日々新たにし、惰性と戦っていくことができている場合もあります。

朝に社訓を唱和することは、いかにも形式的で意味がないと思われるかもしれません。実際、そのような場合のほうが多いでしょう。しかし、このような形式的なことをあえて踏襲することにより、大切な理念、使命を思い起こす効果をもつ場合もあります。もちろん、そのようなことがまったくないと判断されるようであれば、廃止の対象とすべきでしょう。しかし、ミッションや使命を思い起こすための仕組みは、形を変えつつも決して廃止してはならないものなのです。

たとえば京セラの場合、社員同士の飲み会を「コンパ」と呼び重視しています。そこでは必ず和室で鍋を囲み、酒を酌み交わしながら無礼講で意見交換をします。本社や工場には必ず「コンパ」用の大部屋が用意されています。費用は全額個人負担であり、「コンパ」が開催される場合、基本的に全員参加となります。

これは創業者である稲盛和夫氏が創業間もない頃、残業続きの社員をねぎらう慰労会を開いていたのがルーツになっています。この「コンパ」が開催される狙いは、ホンネのコミュニケーションを円滑にすることにあります。「ホンネの議論」を通じて創業時から続く京セラ哲学が再確認されているのです。

これは、リチャーズの著書でも指摘されているように、「同じ釜の飯を食う」ことにより信頼関係を醸成していくことにもつながります。逆に、信頼関係があるからこそ、ホンネでの議論も可能になります。

ホンネの議論は当たり前のように思われるかもしれませんが、実はそんなに簡単なことではありません。実際に多いのは、「タテマエの議論」です。議論を交わすとしても、「タテマエ」に終始し、決して「ホンネ」は明かさないということが多いのではないでしょうか。そのなかに役員など社内でエライ人が加わっていると、このタテマエへの傾向はさらに強くなっていくでしょう。タテマエのレベルで議論し意見交換しているかぎり、適切な情勢判断、意思決定は不可能です。

タテマエからホンネへと移行していくためには、互いの信頼関係が鍵となります。この信頼関係を醸成するためには、ある程度以上の時間をかけ、体験を共有していくことが求められます。

このような仕組みについては、いかにそれが形骸化しているように見えても、信頼関係の醸成、ホンネの議論がどの程度生じているのかによって評価することが必要です。

したがって、仕組み化プロセスを検討する場合には、次の3つの点から評価していく必要があります。

①業務の効率化への寄与

②ミッション・使命の想起効果

③ホンネの議論の活発度（信頼関係の醸成）

これらの機能はOODAマネジメントにとって絶対的に必要なものです。

しかし、それらを実現する仕組みの候補は複数あり、互いに代替可能なことが多いでしょう。このような点から仕組み化のプロセスを絶えずチェックし、仕組みのリシャッフルを定期的に行っていくべきだと思われます。

その仕組みの対象として、当然ながらチェックするための仕組みもそこに含まれます。つまり、チェックする仕組み自体をチェックすることも求められるのです。

しかし、仕組みのチェックのチェック自体、形骸化する可能性があります。では、それをどのように回避すればよいのでしょうか。

ここでこのチェック作業をさらにチェックするために、後者を再び仕組み化して対処してもあまりうまくいくことはないでしょう。そのような複雑なチェック体制はかなり煩雑であり、組織に混乱を招きかねないからです。

【教訓②】組織の共同体化と共同体の組織化を促す

そこで求められるのが、「組織の共同体化」を促すということです[27]。

OODAループを回していくための組織的条件としてリチャーズが指摘する「信頼感の醸成」「組織文化」「暗黙的コミュニケーション」などは、当該組織が共同体化しているということを意味します。OODAは、機能集団が共同体化することで機能するという場合が多いと思われます。

もちろん、「共同体化」といっても公私の区別をなくすということではありません。重要なのは、いかにして「信頼感」を醸成し、「暗黙的コミュニケーション」が可能な共通の体験、バックグラウンド、言語を共有するかなのです。共同体化という動きがある場合、OODAは高速で回っていきます。

逆に、組織メンバーが頻繁に変更するようなプロジェクトでは、共同体化が難しく、結果として「信頼感の醸成」「暗黙的コミュニケーション」の実施が難しくなります。

それでもOODAを回すことは可能ですが、そのスピードはどうしても遅くなってしまうでしょう。共同体化を促すためには、たとえば期間限定のプロジェクトのような場合は、原則として期間中はメンバーを固定するということが必要だと思われます。

その一方で、組織を共同体化するだけでなく、逆に、共同体を「組織化（＝仕組み化）」するという動きも同時に実施していくことが必要です。本書は、どちらかといえば後者の仕組み化を中心に議論してきました。しかし重要なのは、仕組み化と共同体化は同時並行で進めていく必要があるということです。

（27）以下の議論は、原田勉『イノベーションを巻き起こす「ダイナミック組織」戦略』（日本実業出版社、2016年）にもとづいています。

仕組み化だけであれば、それはマニュアル化され、最終的には形骸化していくという危険性が生じます。それに抗《あらが》うためには、同時に仕組みのチェックや、そのチェックする仕組み自体をもチェックしていかなければなりません。

そのうえで、仕組み化された組織を共同体化し、「信頼感の醸成」「暗黙的コミュニケーションの円滑化」を達成していくことが望ましいでしょう。

【教訓③】継続的に現状を否定する

このようなOODAループを軸としたミッション経営の実現、観察・情勢判断・行動の「仕組み化」および組織の「共同体化」という円環運動を実現していくことが、OODAマネジメントの核心といえるでしょう。それは、否定を媒介とした円環運動（仕組み化→共同体化→仕組み化→……）にほかなりません。

すなわち、現状を否定することでイノベーションを実現し、さらにはそのイノベーション自体をも否定していくという終わることのない継続的否定運動です。

これは禅の円環運動に通じるものです。禅では、現実態である自我を徹底的に否定していくことで本来性である無に到ります。しかし、その無に安住することは許されず（無という実体は存在しないため）、さらにそれをも否定することが求められます。

無の否定は有であり、否定の否定により再び現実態へと戻ります。最初の否定運動では、「柳は緑ならず、花は紅ならず」となります。そして、その境地を否定することで再び「柳は緑、花は紅」となります。

しかし、この境地と否定運動以前の通常の「柳は緑、花は紅」の境涯とは大いに異なることになります。ただし、この段階もさらに否定していくことが求められます。つまり、禅とは固定化された観念や分別にとどまるのではなく、「自由なこころの用《はたら》き」を重視しているのです。

ボイドやリチャーズも禅への関心が強く、かれらの文献にもそのような言及があります。ＯＯＤＡループはまさにこのような「自由なこころの用き」によって「観察」「情勢判断」「行動」を実施していくものであり、禅と親和性が高いといえるでしょう。

ＯＯＤＡマネジメントでは、個々のＯＯＤＡのなかでこのような円環運動を実現していくだけでなく、ミッションや使命は不動点だとしても、それを達成するための手段としての組織については、共同体化し、一体感、信頼感を醸成しつつ、同時に共同体化した集団を仕組み化し、行き当たりばったりのＯＯＤＡではなく、不確実性を想定内化したＯＯＤＡマネジメントへと進化させていく必要があるのです。

組織の共同体化をアクセルだとすると、共同体の組織化はブレーキになります。アクセルを踏むことでスピードが出すぎるとブレーキをかけて減速しなければなりません。しかし、減速しすぎると今度はアクセルを踏むことで加速が必要となります。

車を安全に適切なスピードで運転するためには、アクセルとブレーキの操作のバランスが求められます。アクセルのみの運転は危険であり、ブレーキのみでは車は前に進みません。このように組織の共同体化と共同体の組織化には両者のバランスのとれた運動が同時に必要であり、それがダイナミックなOODAマネジメントを可能にしていくのです。

ただし、第2章でも指摘したように、あまりにも頻繁な仕組みの変更は、現場を混乱させるだけですので避けるべきでしょう。かといって仕組みの聖域化は形骸化をもたらします。ここでも、アクセルとブレーキの適切なバランス、中庸が求められるのです。

【教訓④】ミッション・使命は変更を加えない

OODAループの「情勢判断」では直観的判断が重要な役割を果たします。しかし、その場その場での直観をベースとした即断即決は、それにあまりにも依存しすぎると、行き当たりばったりのOODAとなってしまいます。

すでに述べてきたように、「情勢判断の仕組み化」や直観的判断を向上させるための「イメージ思考」「原初的認識」など、情勢判断の成功確率を高めるための方法論を提供することは可能です。それに加えて、直観と理論との懸け橋となる事実、事例の記録が決定的に重要だと思われます。

一般に日本企業では、失敗が記録され、社内で共有化されることはほとんどないといっていいでしょう。失敗した案件の当事者への配慮がその理由です。ましてやその失敗の当事者が経営陣にいたとすれば、なおさらこのような配慮が求められるでしょう。

しかし、本来ならばこのような失敗事例こそが重要であり、そこから多くの法則や教訓を引き出し、今後の参考にしていくことができます。

山本七平によると、中世ユダヤ教徒の中で、教典の写本の欄外に注釈や解釈、意見や見解を書き込む人のことを「トサフィスト」というそうです。(28) トサフィストという言葉の原意は「外側」であり、それがある時期に本の「欄外」を示す言葉になりました。つまり、欄外に注記する人のことをトサフィストと呼ぶのです。

トサフィストの作業は、「過去を棄却して新しい発想をする」ことではなく、「過去への

(28) 山本七平『日本人と組織』(角川書店、2007年)

長い検討の集積をもとに矛盾を調整する」という作業でした。

かれらは、本文はそのままにしておいて、欄外に現実的処理を注記していきました。つまり、欄外に注記された蓄積は、「その時、その場の思いつき」ではなく、「長期間にわたって、何人もの人たちが考えたことが積み重なっていく」という状態となります。いわゆる先人たちの叡智の結集です。

山本は、このトサフィストの作業こそ、日本型組織に導入すべきだと強く主張し、次のような警鐘を鳴らしています。

「『自己の歴史』とは常に『現代に生かして使う』ものであって、記念品として陳列することではないし、今いわれている『歴史もの』のように、新しい観点で過去を再構成して今の発想に合う物語を創作することでもない。あくまでも『本文』はそのまま残し、それにトサフィスト的注解を積み重ねていって、それを基にして将来を推し測ることであり、過去を棚上げすることも切り捨てることも、またある時点で急に初心に帰れと強調することも、同じような歴史の無視にすぎないわけである」(29)

このような作業を開始するためには、具体的には過去の索引化による資料整備から始めるべきであると山本は主張します。たとえば、事の真偽は不確かながらと断りつつも、米国の自動車メーカーであるフォードの場合、第一号車以来の部品が全部揃えてあり、いつでも受注に応じられるようにしていると指摘しています。部品の変転史を実物で検証できるように索引化しているのです。

トサフィストは、中心軸は変えない一方で、現実に対処するためにどのような処理を行ってきたのかという事実を記録していくことで、将来の不確実性へと対応しているのです。

一方、このような過去の索引化や例外事項の欄外注記といった「ピラミッドの積み上げ」的作業に対し、山本の批判する「ピラミッドの頂上のつまみ食い」という方法も確かに存在します。

そこではいま話題になっているトピックスに敏感に反応し、バスに乗り遅れないことが重視されます。これはまさにOODAループの現場での適用状況に該当します。

OODAでは、ピラミッドの積み上げではなく、あくまでも頂上のつまみ食いにだけ関心があるため、過去に束縛されずに迅速に時流に対応することができます。この頂上のつまみ食いこそが、従来の日本的な柔軟性の大きな要因であったともいえるでしょう。

頂上のつまみ食いでは、原理原則と現実的処理の矛盾があった場合、後者を最優先する傾向が強くなります。ルールに従うことよりも、それを破壊し、新たなルールをつくり出

(29) 前掲書

すことが重視されるのです。

果敢なチャレンジや積極的な失敗はむしろ奨励され、何らかのイノベーションを生み出していくことが目的となっています。

もちろん、不動点である原理原則が組織のミッション・使命のみであれば、それは現実的処理と両立可能になります。ミッションを与えられたOODAの運用チームは、ミッションョン自体の変更は基本的には行いません。そこで取り組まれているのはミッションの達成であってその変更ではないからです。

したがって、OODAを運用する際に、頂上のつまみ食いで記録を行いつつ、ミッションのレベルではピラミッドの積み上げで記録を実施していくという棲み分けが必要です。重要なのは、原理原則と現実的処理という矛盾があったとすれば、そのバランスをとることです。

重要なポイントはシンプルです。第1に、不動の中心軸であるミッション・使命は変更を加えないということ、第2に、それ以外の原理原則は、たえず批判的に検討されるべきであるということです。

【教訓⑤】成功も失敗も記録に残す

その際、事実の「記録」「索引化」は重要な役割を果たしています。しかし、残念ながら、記録やその体系化である索引化は日本企業ではあまり真摯に取り組まれていません。どちらかといえば良い側面だけを社史として記録し、負の側面は黒歴史として闇に葬られるのが実情でしょう。

しかし、この負の側面こそが重要であり、そのような現実的対応やその失敗の記録が、将来的な原理原則の発見につながるのです。

過去の索引化は、トサフィスト型の記録でなくても絶対的に必要です。たとえピラミッドのつまみ食いにしか関心がなかったとしても、そのつまみ食いの記録を残しておくことが、過去から学び、将来に生かしていくことに大きく寄与します。つまり、このような過去の知見こそが、将来の適応力を大きく規定することになるのです。

本書では、ＯＯＤＡマネジメントの仕組み化を中心に議論を進めてきましたが、この仕組み化のなかでも特に強調したいのは、ここでいう過去の記録であり索引化です。それはＯＯＤＡだけではなく、ＰＤＣＡを運用する場合でも同様に有益なものです。

もちろん、このような取り組みは、トップの支援がなければなかなか難しいものといえます。しかし、そのような支援がなかったとしても、少なくとも個人のレベルでは記録と索引化は可能です。「わが社は問題だらけだ」「トップが変わらなければどうしようもない」と嘆く前に、まずは自分の足元からこのような取り組みをしていくことが大切です。

この索引化のみならず、OODAマネジメントは、個人レベルで適用可能なものです。たとえこれらの取り組みに対する全社的な理解が得られなかったとしても、私たち一人ひとりがOODAマネジメントを実践していくことはできます。そのことが私たちの成長の原動力となると同時に、組織全体の底上げにもつながっていくのです。

夕べに手を休めるな！

最後に、旧約聖書の「コレヘトの言葉」にある次の有名な格言を引用することで本書を締めくくることにしましょう。

「朝に種を蒔き、夕べに手を休めるな。うまくいくのはあれなのか、これなのか、あるいは、そのいずれもなのか、あなたは知らないからである[30]」

蒔いた種のうちどれが芽を出すかわからないのは、未来が不可知だからです。しかし、わからないからこそ、地に足をつけ、種を蒔き、朝から夕べに至るまで、種を蒔き続けなければならないのです。本書のコンテクストにあてはめれば、未来は不可知だからこそ、OODAループを回し続けていくことが求められるのです。

（30）聖書協会共同訳『聖書』11章6節（日本聖書協会、２０１８年）

【著者紹介】
原田　勉（はらだ　つとむ）
神戸大学大学院経営学研究科教授。1967年京都府生まれ。スタンフォード大学Ph.D.（経済学博士号）、神戸大学博士（経営学）。神戸大学経営学部助教授、科学技術庁科学技術政策研究所客員研究官、INSEAD客員研究員、ハーバード大学フルブライト研究員を経て、2005年より現職。専攻は、経営戦略、イノベーション経済学、イノベーション・マネジメントなど。大学での研究・教育に加え、企業の研修プログラムの企画なども精力的に行っている。主な著書に、『知識転換の経営学』『MBA戦略立案トレーニング』『実践力を鍛える戦略ノート』（以上、東洋経済新報社）、『イノベーション戦略の論理』（中央公論新社）、『イノベーションを巻き起こす「ダイナミック組織」戦略』（日本実業出版社）、『汎用・専用技術の経済分析』（白桃書房）、*Economics of an Innovation System*（Routledge）、訳書に『OODA LOOP（ウーダ・ループ）』（東洋経済新報社）などがある。

OODA Management（ウーダ・マネジメント）
現場判断で成果をあげる次世代型組織のつくり方

2020年8月5日発行

著　者——原田　勉
発行者——駒橋憲一
発行所——東洋経済新報社
〒103-8345　東京都中央区日本橋本石町 1-2-1
電話＝東洋経済コールセンター　03(6386)1040
https://toyokeizai.net/

装　丁…………鈴木正道
D T P…………アイランドコレクション
印刷・製本……丸井工文社
編集担当………水野一誠
　ISBN 978-4-492-53429-8